日本史の定説を疑う

本郷和人
井沢元彦

宝島社新書

はじめに——本郷和人

「定説」とは、ある事柄について、その説が正しいと広く認められている説や学説のことだ。日本史で言えば、まさに教科書などに書かれている内容が「定説」とされている。そして学生は受験のためにその「定説」を丸暗記する。日本史を教える立場としては辛いことだが、日本史の人気がないのは、この点に原因がある。

もちろん、暗記のような方法で知識を習得することも大切だ。しかし、それだけでは日本史を深く学ぶ上で重要な要素が抜け落ちてしまっている。例えば、その得た知識から「物語」を紡ぎだすという過程だ。物語と言っても「かぐや姫」のような昔話を創作することではない。ある歴史的な事件の原因がどこにあったのかを、因果関係で考えることだ。一つの原因がどのように波及してこのような結果を生み出したのか。あるいは逆に結果を見て、何が原因でこういう結果になったのか、歴史のアプローチには二つの方向性が考えられる。

たとえば天正一〇（一五八二）年、織田信長《おだのぶなが》が本能寺で明智光秀に滅ぼされたという「結果」を導き出すために、「怨恨説」「黒幕関与説」など、さまざまな「原因」が推測されている。特にこの事件のように決定的証拠がない場合は、「定説」は成り立たない。さまざまな仮説を立て、そこから真の原因を導き出していく。

その仮説を裏付けるためには、確実な根拠や証拠を示せなければならない。日本史においては、それが「史料」である。ただし、「史料に書いてあるから」というだけで、答えを見つけた気になってはいけない。そもそも自分がその史料を正確に読み取れているかどうかもわからないし、史料を書いた人が、その時代背景から、自身や関係者に都合のいい内容を書いたということもある。そこでまず、史料を鵜呑みにするのではなくそこに書いてあることを「疑って」みて、自分の頭で物語を紡ぎ、結果もしくは原因を考えていくことも大切なのだ。

今回、その史料絶対主義ともいうべき考えに対して常に疑義を投げかけている井沢元彦先生と、こうして共著を制作することができた。これを機に、読者の皆さんに日本史の学び方、さらにはその楽しみ方をご提示できれば幸いである。

はじめに——井沢元彦

このたび、幸いにも、本郷和人先生との共著を世に出すことができた。

私は常々、日本の歴史を見る際に、「史料絶対主義」の学者の方々の考え方や行動に疑義を呈してきた。そもそも史料とは、日本史上の特定の時代に、具体的に誰が何をしたかについて人間が記録したものだ。そして史料絶対主義とは、その史料が証明できることだけを「定説」とし、他の考えや仮説は一切排除するという頑な研究姿勢のことを言う。

この人たちは、「そんなことは史料に書かれていない」「そういう考え方は、この史料によって否定されている」というぐあいに、自分たちと相反する意見を受け入れない。史料には、その時代の書き手の立場や時代背景を考えると、明らかに「嘘」が書かれているのではないかと考えられるものもあるわけだが、史料絶対主義の歴史学者にそんなことを言おうものなら大変だ。「この分野の史料の検証が足りない」

「あきらかにこの時代の歴史を語るには能力不足だ」といった否定をする。

しかし、そういうものの見方しかできなかったら、歴史を見る視野は狭窄《きょうさく》してしまう。何か仮説を立てても、そのたびに史料を盾にした歴史学者から否定されたのでは、委縮して新しい説を唱える人もいなくなってしまう。さらには、そういう風潮が、歴史の楽しみや興味を多くの人から奪ってしまうだろう。

その点、本郷先生は、東京大学史料編纂所という、まさに「史料」を専門に扱う立場におられながら、公平な視点から日本史を学ぶ方法を提示してくださる。また、多くの人に歴史を学び、楽しんでいただくために、さまざまな形で情報発信をされている。著作も学術的なものばかりでなく、歴史の初心者でも楽しめるような柔らかい内容のものを出されているところは、まったく私も同様だ。

読者の皆さんにも、こうして志を同じくした二人の「歴史好き」による日本史の読み方を、ぜひ楽しんでいただきたいと思う。

目次

第一章　古代編

第二章　中世編

第三章 近世・近代編

【編集協力】……高水 茂（高水編集事務所）
大野 真
小野 雅彦
【表紙カバー・本文デザイン】……戸部明美（at）
【撮影協力】……片桐 圭

巻頭対談

日本史をどう読み、学ぶべきか

本郷和人　井沢元彦

史料絶対主義から歴史の解釈へ

本郷：今回の本は「定説を疑う」というタイトルです。これは別にへそ曲がりな意見を述べようということではなく、教科書などに書かれている「定説」から、さらに深く日本史を読み解いていく方法論を提示しようという試みです。しかし「定説を疑う」などと言うと、必ず噛みついてくる人たちがいる。その点、井沢先生が日本史研究者に対して常々おっしゃっているご意見から伺えますか。

井沢：まず一番に、「宗教の無視（呪術的側面の無視）」。それに加えて「史料絶対主義」であること。この二点が歴史を読み解き、また歴史を楽しむことを大きく阻害していると思っています。

徳川御三家を例にしますと、昔、学者の先生から、「井沢君は徳川御三家のことを、万が一宗家に跡継ぎが絶えたときの保険機能みたいに言うけど、そういうことを書いた史料はないよ」と言われました。しかし私は、史料がないのは当然だと考えます。なぜなら、そういう史料には、「万が一宗家に跡継ぎが絶えたとき」という、江戸時代の武士にとって「絶対あってはならないこと」が書かれていなければならないからです。まさに言霊《ことだま》信仰であり、起こってはならないことは絶対文字にしてはいけない。例えば「病気」という言葉も、『吾妻鏡《あずまかがみ》』などを見ると、「歓楽」と言い換えています。武士という比較的リアリズムを実践する人たちの間でも、縁起の悪い言葉はできるだけ文字にしない。こういう歴史的背景を無視して物事を考えるから、「史料がないから君の言うことは根拠がない」などという短絡的な発言が出てくるわけです。

本郷：井沢先生は、特に古代を読み解くとき、「穢《けが》れ」の問題や、神への畏れといった事象を非常に尊重されていらっしゃるわけですよね。それは私も真っ当なアプローチだと思います。

私が研究している中世の室町時代においてですら、知的なトップエリートであるところの貴族、天皇と皇室の人々は、朝廷で常に祈りを捧げるという宗教的な行事をやっているわけです。それを最初から無視してしまったら、天皇や朝廷の歴史をきちんと見る過程を一つ取りこぼしてしまう。

本郷和人

ただ、実際には、穢れ、畏れのような、文字に残されなかった事象や行為などを考えるのは、相当頭が良くなければ難しいと思います。だから私はむしろ、そうした宗教的・呪術的な事象が世の中を変える大きな要因にならなかった中世に逃げました（笑）。もちろん、実際は中世にもそういう要素はいっぱいあるんですけど。

井沢：頭の良し悪しという言い方をされましたが、やはり学生などは知識が不足していると思うんです。だから歴史学科に進む学生には、教養課程の段階で世界宗教概説、日本思想史などを学んでもらうことも重要かもしれません。例えば、今の高校の歴史教科書には一八四四年、オランダ国王が開国の勧告をしたとき、日本がそれを「拒絶した」と書いてあります。それは事実ですが、その理由は、「（幕府が）世界情勢の認識が乏しかったから」だというのです。しかし実際の史料（回答文）には、老中らが開国を拒否した理由を「祖法《そほう》が定めていることだから変えられない」、つまり、徳川《とくがわ》家康《いえやす》以来のルールを変えるわけにはいかないからと書かれているのです。

井沢元彦

ところが、そもそも家康が定めたルールという理由も間違いなんです。家康は外国との貿易拡大に関心をもっていた。ではなぜ後代の江戸幕府の要人が、「開国して、海外と交易することなどまかりならん」という考えに至ったかといえば、その背景には朱子学という宗教とも言っていい思想の頑迷固陋な部分があったからです。その最たるものが「貴穀賤金《きこくせんきん》」、つまり「穀物は貴いもので、お金は卑しいものである」という、士農工商の身分制度の元にもなった考え方です。だから、「国際情勢の認識が乏しかったから」という表現は適当ではない。さらにいえば「祖法が定めているから」という理由も正しいとは言えない。その背景にある朱子学の存在まで踏み込んで理解ができれば、史料絶対主義者ばかりが育つということはなくなると思います。

本郷：井沢先生がおっしゃった「頑迷固陋な」という部分は、まさに史料絶対主義の先生方の姿勢にも当てはまるのでしょうね。ただ、私が師事していた石井進先生や、網野善彦先生、永原慶二先生といった方々は、そういう史料絶対主義的な態度は一切出さず、「史料に書いてないから間違いだ」なんていう言い方もしませんでした。

史料絶対主義者こそ史料が読めない

本郷：前に井沢先生と対談した際に、「愛国心というのは悪党の最後の拠り所」という話をしましたね。

井沢：ええ、「最後の隠れ蓑」とか「隠れ家」とか言いますね。

本郷：結局その実証主義というのも、アホな歴史研究者の最後の拠り所なんですよ（笑）。彼らが「私は研究者で、あなたたち素人とは違うんだよ」というとき、その違いの根拠は何かというと、「私は史料を読めます。だけどあなたたちは読めませんよね」という点なんです。そういうことを平気で言う人の神経は、理解できません。

井沢：ええ。実は私も生の史料は読めない人間です。これは表現に問題があるかもしれないけど、そういう史料絶対主義者を「スワヒリさん」と揶揄したことがあります。スワヒリ語を読める人がケニアやウガンダの政治家の文章を読み、正確に訳してこういう意味だと言う。それに対して、スワヒリ語の読めない私が「政治家の文章だから、何か裏の意味があるのではないか」と言うと、「スワヒリ語も読めない人に何がわかるんだ」と批判したという、たとえ話なんですが、これはおかしいですよね。スワヒリ語が正確に読めるかどうかということと、政治に対して的確な解釈をするかということは、同じ土俵で比べるものではないと思うんです。

本郷：そう思います。井沢先生が批判される史料絶対主義者が、どこまで史料を知っているのか、どこまで生の史料を扱っているのかというと、これも疑問です。ある古文書があったら、本来はそれを写真にし、コピーして、活字にする。そして、活字を現代語訳する。そういうプロセスを経て、厳密な生の史料の崩し字をどこまで読めているのかというと、「史料を読める」とうそぶいてらっしゃる方ほど、実はさほど読めていないんですよね。

井沢：あ、そうなんですか。その点においてはみな生の史料を読んでいるのかと思って、すべての学者さんを深く尊敬していたんですけど。

本郷：私の在籍する東大の史料編纂所は、文字通り史料を扱うところですので、入所試験の際には、史料を一枚抜いて渡されて「これを読んで、何が書いてあるか言いなさい」と試されます。その際、大事なのは、その史料の中からどれだけの情報が導き出せるかです。すると「史料だ、史料だ」と言っている人たちに限って案外、史料を読めないんですよね。史料を読むことの難しさを知っている先生方は逆に、どれだけ自分が史料を読めないかということをよくわきまえています。ですから、一般の方が史料を読めないことをバカにするなんて、絶対にしません。

逆に、かつて史料編纂所にもいましたが、「神様」と呼ばれるくらいの史料読みのプロが、歴史研究者としてどれだけ優れているかというと、それはまた別の話です。「史料を読める」と言っても、いろんな段階があって、そんなに簡単なものではない。だから、「お前は史料を読めない」と言う人は、自分が史料が読めないことをどこかでごまかしている、あるいはその疑問にぶち当たってない、呑気な方だと思います。

井沢：そうでしたか。その辺はやはりプロじゃないとわからないことですね。

本郷：日本史研究や学者の質の低下といった問題は、本をただせば、現在の日本史に関する教育システムの問題にもつながります。子供たちは、日本史が暗記科目であるために、歴史嫌いになってしまいがちです。しかし、井沢先生が解釈を重視されるように、歴史上のA、B、Cという事件を年代順に並べて覚えるのではなく、

A、B、Cそれぞれをある視点から見ると、つながっていることがわかる。これが歴史の解釈の面白さであり、それは海外へ出ていったときでも求められる論理力や思考力なのではないでしょうか。

井沢：かつて軍国主義が日本を滅ぼしたと言われますけど、その軍国主義の内実はものすごく点取り虫の世界だったんです。試験秀才の何がいけないかというと、過去にあったことをどれだけ覚えているかに重きを置き、未来に対する対応力は重視しないということです。本来エリートというのは、まったく想定外の事件が起こったときにどのように対応できるかという人材です。しかし日本は、「前例がない」と言えばそれで済むような人間が多く育っている。ですから日本史を知るということは、ある種、己の欠点を知るということでもあるわけです。己の悪い部分を見つめれば、未来に向けて直していくことだってできるはずです。

本郷：だからこそ、史料絶対主義や暗記的な発想から離れて、日本史をどう読み、深く学ぶか、ということが大切になるわけですね。日本史の研究者もそのことをよく考えなくてはならないのだろうと思います。

第一章

古代編

古代史を読み解く視点 ～日本史と天皇の存在

天皇の存在があらゆる時代を結びつける

本郷：昔話になりますが、私が大学院生のとき、博士論文を書いて「徳」という字が使われている天皇についてまとめました。その頃、井沢先生も『逆説の日本史』でやはり徳の字がついた天皇について書いておられた。

恐れ多くも私は自分の書いたものをお送りして、井沢先生のご意見をお伺いしたことがありました。すると「私はいったん自分の説を公にしたからには、それに対してあなたがどんな批判をしても構わない」とご返信をいただいた。

私はただの学生にすぎません。以来、本当にフェアな方だなと思っておりました。意見が違っても話し合えばいいのです。それなのに、人を見下したり攻撃したりという人がいるのは、困ったものですね。

井沢：それはまさに言霊信仰の問題で、本人の主張である「言説」と「人格」が結びついてしまっているからです。言説に対する批判が人格に対する非難と捉えられている。しかし本来、言説というのは一度作ったら本人から離れたものであって、一度離れたからにはそれをどう批判しようとまったくの自由であるはずです。

言霊信仰に関連していえば、「邪馬台国《やまたいこく》の女王・卑弥呼《ひみこ》」という存在について、多くの日本人は誤解していると私は考えています。卑弥呼は個人名だと思っている人が実に多い。

言霊信仰では名前と人格が一致しますので、名前がわかれば呪うこともできてしまう、ある種の軍事機密でもあるのです。ですから、「卑弥呼」が「政子」や「高子」のような個人名であるはずがない。『万葉集』は歌集であると同時に、「言霊」という信仰の書だと思うんです。

たとえば『万葉集』の冒頭に載っている歌は、雄略《ゆうりゃく》天皇が春の野に出でて、若菜を摘んでいる女性の名前を聞くという歌です。名前を聞くということは俺のものになれ、俺の女になれ、という求婚ですね。それを知っているだけでも「卑弥呼」という

のは個人名ではないことがわかるはずです。

日本史本来の面白さ

本郷：そういう話が多くの歴史愛好者の議論を呼んでいるわけですし、史料重視ということだけではなくて、ロマンを掻き立てるような日本史本来の面白さにつながるところがありますよね。

　また、古代を考えたときにすごい点は、やはり日本の天皇家が古代から現在まで存続しているというところですね。

井沢：日本史の特徴をただ一つだけ挙げろ、と言われれば、やはり天皇の存在ですね。

天皇はローマ皇帝や中国皇帝とはまったく違うのであって、神の子孫であるがゆえにそのＤＮＡを持たないと後継になれない。

源頼朝《みなもとのよりとも》が天皇家を滅ぼして自分が天皇になるということは、他の国ならあり得るけれども、日本ではそれがありえない。

本郷：日本史とは、天皇とは何かということを考えるための学問、という側面もあります。

古代を見ていく視点として提示できるのは、やはりそこでしょう。そこから派生させて、あらゆる時代の理解を深めていくこともできますね。

検証1

邪馬台国と卑弥呼に関する「定説」

卑弥呼は「連合国」の女王

仮に今、歴史教育で「定説」とされる、文部科学省選定の高校の教科書などを基にした場合、邪馬台国《やまたいこく》とその女王である卑弥呼《ひみこ》は、どのように説明されているのだろうか。

まず邪馬台国とは『魏志倭人伝《ぎしわじんでん》』に書かれた倭の国の中で最大の国と言われている。近年の教科書では「邪馬台国連合」とも表記され、一国ではなく小国の連合体のように書かれている。

三世紀前半、倭の国の間に内乱が起こり、それを収拾するために諸国の王は邪馬台国の女王である卑弥呼を擁立。卑弥呼は三〇ともいわれる小国の連合を束ねるようになった。

●卑弥呼と邪馬台国に関する「定説・仮説」

定 卑弥呼と邪馬台国とは	『魏志倭人伝』にその名が見られる、30余りの小国からなる「邪馬台国連合」を束ねた女王。鬼道を用いてシャーマン的な存在として人心を掌握。台与を後継者とした。
定 大和朝廷とは	3世紀後半頃、諸豪族が皇室の祖である豪族の下に集結し、大和（奈良県）地方に成立した政治権力。なお、近年の教科書では、3世紀～7世紀頃の政治体制を豪族の集まった連合政権として、「朝廷」という文字は使わず、「ヤマト政権」と表現している。
仮 邪馬台国の所在地	畿内（大和）説と九州説をめぐり論争が繰り返されてきたが、近年は考古学的な背景を踏まえ、畿内説に注目が集まっている。

定は教科書などに書かれた「定説」　仮は一部の研究者の説や一般論としての「仮説」

また、卑弥呼は中国の魏に使節を派遣し、「親魏倭王」の称号を贈られている。『魏志倭人伝』には卑弥呼のことを「事鬼道能惑衆」と説明しており、鬼道（呪術）などをもちいて人心を掌握したシャーマン（霊能者）的存在ではなかったかと思われる。

卑弥呼の晩年、邪馬台国は南の狗奴《くな》国と対立している。これについて参考書などでは、「弥生時代後半から古墳時代にかけて一定範囲内の村落が地域連合を結成し、やがて政治的に統合して一つの地域政権へと成長する過程を示すものであろう」『日本史小辞典』（山川出版社）と解釈している。

これは近年、大和朝廷が「ヤマト政権」と表記されていることとも関連する。つまり、三世紀頃の日本では天皇という存在が確認されず、そのため「ヤマト」は朝廷ではなく、諸豪族が皇室の祖である豪族の下に集結し、大和（奈良県）地方に成立した政治権力だとされている。

ヤマト政権は地方支配を進め、七世紀の推古《すいこ》朝の頃には中央集権国家としての体制を整える。そのため、近年の教科書では、三世紀～七世紀頃の政治体制を豪族の集まった連合政権として、「朝廷」という文字は使わず「ヤマト政権」と表現しているが、推古朝の頃には「政権（朝廷）」という表記の仕方もされている。

北九州説と畿内説をめぐる論争

なお邪馬台国の所在地を巡っては長い間論争があり、今も大きく分けて北九州説と畿内大和説が対立している。

邪馬台国論争は江戸時代から続いているが、明治期に北九州説を唱える白鳥庫吉《しらとりくらきち》と畿内大和説を唱える内藤湖南《ないとうこなん》の論争を契機に、北九州説と畿内大和説を唱える研究者の間で激しく論戦が展開された。

しかし、どちらの説も『魏志倭人伝』に書かれている行程と矛盾するところがあり、解決には至っていない（そもそも、「倭人伝」の行程どおりに距離と方角を進んでいくと、太平洋の中に行き着いてしまう）。

この行程を克服するため、『魏志倭人伝』に記述されている順序に従って方角を九〇度読み替えたり距離を修正しながら比定したりしていく「連続説」や、伊都国《いと》を起点に「伊都国↓奴国《な》」「伊都国↓不弥国《ふみ》」「伊都国↓投馬国《とうま》」「伊都国↓邪馬台国」と放射状に行程を読んでいく「放射説」などさまざまな解釈も生まれた。

このように北九州説と畿内説とをめぐる論争は今も繰り返されているが、近年は考古学的な背景を踏まえ、畿内説が有力という説が増えている。教科書では奈良県桜井市《さくらいし》にある纒向遺跡《まきむく》が『魏志倭人伝』の記述と似ているとする記述が多いようである。

井沢元彦が検証する　卑弥呼に関する定説

ヤマド（邪馬台）とヤマト（大和）

卑弥呼＝邪馬台国の女王。これがいわゆる歴史上の「定説」だ。

では、その邪馬台国とはどんな国なのか？　私はこれを大和朝廷と同じものだとみている。

理由の一つは、「邪馬台」という名前だ。いまはこれを「ヤマタイ」と発音している。しかし私がこれを中国まで行って古い言語の研究をしている学者の方に読んでもらったところ、その人は「邪馬台」を「ヤマドゥ」と読んだ。つまり昔は「台」を「タイ」ではなく「ド」と発音したのである。正確には「ドゥ」という音だ。つまり「邪馬台」のことは、「ヤマドゥ」と呼ばれていた。これは「大和（ヤマト）」と非常に近い音、というより、同じものと言ってもいい。

このように、原典史料が書かれた時代の発音から見るだけでも、「邪馬台国と大和朝廷は関係があるのか、ないのか」という議論そのものが無駄なことだということがおわかりいただけると思う。

この時代の国の名で、なおかつ発音が同じなのだから、普通はまず、両者は同じものではないかと考えるであろう。それなのに、日本の史学界では、もう何十年にもわたってこうした無駄な議論が繰り返されている。

実名は呪殺の対象となる

次に「ヒミコ」という名前について。これを智子や花子のような名前だと思っている人がいるかもしれないが、それはあり得ない。仮に花子という女性が皇后になったとしても、国民が皇后陛下を花子という名前で呼び捨てにすることはないだろう。

現代の社会を考えてみても、皇族ではない一般女性をファーストネームで呼ぶことには（よほど親しい間柄でもない限り）社会的制約や心理的抵抗がある。一七〇〇年前の「ヒミコ」の場合も同様で、女王の名前を呼び捨てにするはずがない。

ちなみに、この時代に本名を明かさない別の理由もあった。古代では相手を呪殺する（呪い殺す）ことが可能だと考えられており、その呪殺の対象を特定するためには相手の実名が必要だったのである。これも言霊信仰の一環だ。

卑弥呼の名前が出てくるのは、『魏志倭人伝』である。西暦二二九年に魏・呉《ご》・蜀《しょく》という三つの国が成立し、この三国が覇権を争った。最終的にこの三国は、二八〇年に晋《しん》（西晋）によって統一されるが、この西晋時代に書かれた歴史書が『魏志』であり、その一部に「東夷伝倭人条」、つまり『魏志』倭人伝と呼ばれる文献が含まれている。

想像するに、邪馬台国の使者が魏に赴き、魏国人から「お前たちの王の名は何という？」と無礼な質問をされたのだろう。しかし、使者が素直に自国の王の本名を教えるはずがない。その意味では、『魏志倭人伝』に出てくる卑弥呼の名も本名ではないだろう。

女神から男系の王家への転換

では「ヒミコ」とは何の名前なのか？　おそらくこれは、地位や身分を表す称号だろう。私はそれを太陽の化身、あるいは子孫にあたる「日御子」または「日巫女」つまり太陽を祀る女性ではないかと考えている。発音はどちらも「ヒミコ」だ。

大和朝廷の始祖、つまり天皇家の祖先はアマテラス（天照大神）という女神だ。これは、邪馬台国の統治者が女王であるという内容とも一致する。さらにアマテラスは太陽神だからで、「日御子」とも符合する。

実は、太陽神が女神というのは世界的に見ても珍しいケースである。一般的には、ギリシャ神話の太陽神アポロンのように太陽は男で、女性は月または大地とされている。ではなぜ、日本では太陽神が女神とされたのかといえば、それは実際の大和朝廷の創始者が女王だったからではないか。

天皇家は明らかに男系の王家である。それなのに卑弥呼も太陽神でありながら女神とされている珍しい例であり、「ヤマド」と「ヤマト」の違いを挙げるとすればその点だ。女性優位の国家がなぜ男性優位に変わったのかということは、史料がないため推測するしかない。ヒミコはおそらくシャーマンであって、呪術による政治を行ってきた。しかし、当時の「先進国」である中国の政治文化に触れた人たちが、それを見習って国を「近代化」した。その過程で中国と同じように、男系を重視する王家＝天皇家になったのではないだろうか。

もちろん推測なので、確たる証拠はない。ただアマテラスがこの国の支配者として指名した瓊瓊杵尊《ににぎのみこと》は、女性ではなく男性だった。女性優位な国家が男性優位に「転換」した事情は、この辺にあるのかもしれない。

邪馬台国はどこにあったのか？

邪馬台国と大和朝廷が同じものであったということを説明するうえで、もう一つ重要な問題は、二つの政権はそれぞれどこにあったのか、ということだ。

大和朝廷はその名の通り大和国（奈良県）で生まれたものだろう。では、邪馬台国も最初から大和国にあったのかといえば、それは違うようだ。

私は「邪馬台国東遷説」を基本的に支持している。単純な九州説でもなく大和説でもない、そもそも九州にあった邪馬台国が東に遷《うつ》って大和朝廷になったという考え方だ。

その根拠は、アマテラスの五世孫である神日本磐余彦尊《かむやまといわれひこのみこと》（神武《じんむ》天皇）が日向を出発し、奈良一帯を征服して天皇の位に就いたという「神武東征」神話である。他ならぬ大和朝廷の神話の中に、「われわれは元は九州にいてのちに大和に入った」という説話が残されているのだ。

邪馬台国が九州にあったという手掛かりはほかにもある。

九州は大分県の宇佐《うさ》神宮に、第一五代天皇の応神《おうじん》天皇が八幡神（あるいは八幡大神）という名前で祀られている。八幡神はもともと豊前《ぶぜん》国（大分県）宇佐地方の地方神だったとも言われているが、やがて応神天皇の神霊だということになった。八幡神は八幡宮に祀られ、その総本社が宇佐神宮である。

ところがこの宇佐神宮では、応神天皇のほかに、神功皇后《じんぐう》、そして比売大神《ひめおおかみ》という神様を祀っている。三柱（神様の数え方）の順番は、応神天皇が一之御殿、比売大神が二之御殿、神功皇后が三之御殿である。

日本では、一番偉い神様を中央に祀るのが常識とされているので、見たことのない人は、中央の神殿が応神天皇の祀られた一之御殿であり、向かって右が二之御殿、左が三之御殿だと考えるだろう。

しかし実際に中央に祀られているのは比売大神であり、応神と神功はそれを挟むような形で両脇に祀られている。もちろん神宮では一之御殿に祀られている応神天皇、すなわち八幡大神が一番尊いと考えているようだが、この配置では中央の比売大神が最上位に見える。

この比売大神は、須佐之男命《すさのおのみこと》の系統を引く宗像《むなかた》地方の三人の女神のことだと言われている。それぞれにお名前もあるが、まとめて一つの神殿に入れてしまい、「偉い女神」という意味の比売大神という「総称」で呼ばれているのは、誠に失礼な話ではないだろうか。だから私は、比売大神は宗像三女神ではないと考えている。

では一体、比売大神とは何かと言えば、これがまさに卑弥呼なのではないだろうか。なぜなら、今まで述べたように、卑弥呼はアマテラスのモデルであった可能性が高い。また、神武東征の神話から見て、天皇家のルーツは明らかに九州にあったと考えられる。

さらに言えば、卑弥呼の後継者となった女性は「台与《とよ》」という女性だった。ヒミコが名前でなく称号であったように「トヨ」も女王の後継者の称号であったとしよう。そう考えると、宇佐神宮の周辺になる豊前国、豊後国は昔、「豊（トヨ）の国」と呼ばれていたことが、奇妙なほどに符合する。

以上のような考察から、もともと九州にあった邪馬台国が、東の大和に遷ったと考えれば、すべての辻褄が合う。このように考えるのは私一人ではない。

神話を無視して、中国の文献だけに頼ると重要な点を見落としてしまうが、中国の史料と、神話という日本の史料を合わせて考えれば、大陸から渡ってきた天皇家が、九州から東に移動したと考えるのがもっとも自然な考えということになる。

本郷和人が検証する　卑弥呼に関する定説

「妹の力」と卑弥呼

卑弥呼に関する記述は、日本側の史料には確認できず、中国側の史料にしか残っていない。当時の中国は、魏の時代で、『魏志倭人伝《ぎしわじんでん》』には日本の邪馬台国から使いが来たという記述が残されている。卑弥呼は倭の国の女王だったとされる。中国の史料によれば、卑弥呼は「鬼道《きどう》」と呼ばれる占いを行い、その結果は弟しか聴くことはできなかったという。また、身の回りの世話もすべて弟が行い、夫もない老婆だったとされる。

卑弥呼＝天照大神説、神功皇后説などさまざまな説が唱えられているようだが、確かな史料がない以上、よくわからないというのが実情だろう。

私自身、古代史の専門家ではないので、詳細なことに立ち入って論じることは控えたいが、おそらく卑弥呼は「姫巫女」だったのだろう。

神を祀る女性であり、神の嫁であるため、当然、未婚。いわば、神の言葉を人々に届けるシャーマンのような存在だったと考えられる。

ただ、当時の政治の実権を握ったのは、彼女の弟であり、卑弥呼は精神的な権威として君臨していた。

たとえば、鎌倉時代、源頼朝《みなもとのよりとも》の亡き後は、正室の北条政子《ほうじょうまさこ》が尼将軍として武士たちの尊敬を集めたが、実際の政治は、弟の北条義時《よしとき》が実権を握っていた。

沖縄の琉球王朝の場合も、政治権力は男性の王が実権を握り、呪女を束ねる聞得大君《きこえおおきみ》という役職には女性が就いている。

女性がこうした宗教的な面を司ることに注目したのは、民俗学者・柳田國男《やなぎたくにお》である。柳田は、著書『妹の力』のなかで次のように述べている。

「祭祀祈祷《さいしきとう》の宗教上の行為は、もと肝要なる部分がことごとく婦人の管轄であった。巫《かんなぎ》はこの民族にあっては原則として女性であった。後代は家筋によりまた神の指定に随って、彼らの一小部分のみが神役に従事し、その他は皆凡庸をもって目せられたが、以前は家々の婦女は必ず神に仕え、ただその中の最もさかしき者が、最もすぐれたる巫女であったものらしい」

こうした呪力を持つ女性＝妹《いも》が、現世の政治権力の実権を握る男性＝兄《せ》を慰め、守《も》り立てるという図式が、古来より存在したわけである。柳田國男はこれを「妹の力」と呼んだ。

この場合の兄・妹とは、生物学的・社会学的に限定されるようなキョウダイを表すのではなく、母や姉妹、従姉妹といった同族の女性たちや正室・側室など婚姻を持った女性たちのように、より範囲は広い。

例えば、田植えに従事する女性を「早乙女《さおとめ》」もしくは「植女《うえめ》」と言うが、稲の豊作が女性の霊的な力によってもたらされると考えられていた。出産する力のある女性だから、大切な生産行為は女性に頼むのがよいという趣意である。

時代が下るにしたがって、現実の力＝政治が強大になるのだが、古代では神を祀る力のほうが重視されたのだろう。その意味では、倭の国の女王で、神を祀る「姫巫女」である卑弥呼が強大な力を発揮し、弟は補佐的な立場だったと考えられる。

天照大神に託された巫女の存在

卑弥呼が亡くなった後は、台与《とよ》（臺與）という13歳の女性が、女王となったと伝わる。

その後の記録は途絶えており、邪馬台国がどうなったのかは定かではない。ただ、神の言葉を伝える巫女が王位に就くことは、当時としては、自然な成り行きだったと考えられる。

後章で登場する持統《じとう》天皇は、女性の天皇であるが、自らの正統性を図って神話世界の整理を行った。そのため、天照大神のモデルは持統天皇ではないか、とも言われている。

古代において、こうした女性がトップに君臨したことを鑑みると、女性神である天照大神に、卑弥呼のような神の言葉を伝える巫女たちの存在が凝縮されていると言ってもよいかもしれない。

検証2

古代天皇に関する「定説」

天皇とは何か？

天皇という言葉は七世紀頃、大王《おおきみ》に代わる言葉として使われるようになり、天皇の祖先とされる大王も天皇と呼ばれるようになった。

『古事記』『日本書紀』によれば、天皇の始祖は紀元前七世紀の神武天皇とされるが、中国の史料や金石文《きんせきぶん》（金属や石に刻入または表出された文字や文章）で存在が確認されるのは五世紀の大王からである。

天皇の地位がどのような経緯で確立されたかについては、邪馬台国の所在や前方後円墳をめぐる問題ともからんで未解明の部分が多い。

天皇が宗教的権威を背景に官人任免権、外交権、軍事指揮権を行使する国家統治の体制が律令制度として確立されたのは七～八世紀の頃と言われる。

●古代天皇に関する「定説・仮説」

㊇神武東征伝説とは	神武天皇が日向国から大和へ東征したという説話。基本的には建国神話の一部と考えられるが、背景になんらかの歴史的事実の存在も考えられる。
㊇欠史八代とは	歴史上、その存在が不明確とされている8人の天皇とその時代のこと。教科書には「欠史八代」という表現は使われていない。
㊆大化の改新の定義	大化の改新は孝徳天皇の時代に行われた諸改革のことを指し、中大兄皇子らによる蘇我氏打倒の政変については『続日本紀』の記述を引用して「乙巳の変」と呼ばれている。
㊇諡とは	死後にその人の徳や功績をたたえて贈られる称号。天皇の生前の境遇や崩御の際の意味も含まれていると言われる。

㊆は教科書などに書かれた「定説」　㊇は一部の研究者の説や一般論としての「仮説」

初代神武天皇が四五歳のとき東征を企て、日向国を発《た》ち、筑紫《つくし》・吉備《きび》を経て四年後に河内《かわち》に入った。胆駒山《いこまやま》を越えて大和に入ろうとして長髄彦《ながすねひこ》の抵抗に遭う。転じて熊野に向かい、天照大神の遣わした八咫烏《やたがらす》に導かれて奈良盆地南部に入り、在地勢力を従えてついに長髄彦を討って大和を征服した。

この神武東征説話は、基本的には天孫降臨以後の建国神話の一部であると考えられるが、弥生文化の九州から畿内への伝播などと関連して、その背景になんらかの歴史的事実の存在を考える意見もある。

「欠史八代」

歴史上、その存在が不明確とされている第二代綏靖《すいぜい》天皇から第九代開化《かいか》天皇までの八人の天皇。なお、宮内庁や教科書の系図、山川出版社の『日本史広辞典』などには八人の天皇の名は記されているが、「欠史八代《けっしはちだい》」という表現は使われていない。

大化の改新

大化の改新といえば、中大兄皇子《なかのおおえのおうじ》が中臣鎌足《なかとみのかまたり》らと共に蘇我蝦夷《そがのえみし》・入鹿《いるか》父子を討って政権を掌握した事件と考えている人も多いかと思う。しかし、現在の歴史教科書では、大化の改新は孝徳《こうとく》天皇の時代に行われた諸改革のことを指し、蘇我氏打倒の政変については『続日本紀《しょくにほんぎ》』の記述を引用して「乙巳《いっし》の変」と呼ばれている。また、蘇我氏滅亡後の「改新の詔《みことのり》」について、そこに書かれている公地公民制への移行や、律令国家建設はこの時代には行われておらず、大化の改新自体が本当に行われたのか疑問視する向きもある。

諡の持つ意味

諡《おくりな》（または諡号《しごう》）とは、死後にその人の徳や功績をたたえて贈られる称号。七世紀後半に日本でも採用された。天皇の場合、国風諡号と漢風諡号がある。

古代で崇拝の「崇」という文字のつく諡を送られた第三二代崇峻《すしゅん》天皇は、蘇我馬子《そがのうまこ》によって暗殺されている。また、「徳」という字のついた古代天皇には第一六代仁徳《にんとく》天皇、第三六代孝徳天皇などがいる。仁徳天皇は在任中、人民の苦しみを見て三年間課役を中止するなど、仁政の王として賞賛される。一方の孝徳天皇は、六四五年、乙巳の変で蘇我蝦夷・入鹿父子が討たれた後、皇極《こうぎょく》天皇の跡を継いで即位する。即位後、難波宮に遷都するが、間もなく中大兄皇子と意見が対立。皇子は皇極太上《だいじょう》天皇や皇后、皇女、諸臣と共に飛鳥に戻ってしまい、天皇は失意のうちに没した。また、天皇ではないが、聖徳太子《しょうとくたいし》も「徳」の付く諡である。

井沢元彦が検証する　古代天皇に関する定説

八人の天皇の謎

天皇の歴史として、『古事記』と『日本書紀』に載ってはいるが、その業績がほとんど述べられていない八人の天皇がいる。これを「欠史八代《けっしはちだい》」という。具体的には、初代神武天皇に次ぐ第二代綏靖《すいぜい》、第三代安寧《あんねい》、第四代懿徳《いとく》、第五代孝昭《こうしょう》、第六代孝安《こうあん》、第七代孝霊《こうれい》、第八代孝元《こうげん》、第九代開化《かいか》の八人の天皇、またはその時代を指す。

ちなみに、「綏靖」などの天皇の名は諡《おくりな》あるいは諡号《しごう》という。諡は天皇が亡くなった後に後世の人が付ける名で、例えば今の天皇を「令和《れいわ》天皇」とは言わない。今の天皇は今上《きんじょう》天皇という。

では、初代神武天皇の「本名」は何だったのかというと、「ヒコホホデミ」だったようだ。また、このほか、おそらく生きているうちに使われた「美称」もある。神武天皇の美称は「ハックニシラススメラミコト」のようだ。意味は、「初めて国すなわち天下（ハックニ）を治めた（シラス）天皇（スメラミコト）」ということらしい。

ところが、欠史八代の八人の天皇の後を継ぐ第一〇代崇神《すじん》は、初代神武とまったく同じハックニシラススメラミコトという美称で呼ばれている。そのため、実は初代神武と第一〇代崇神は同一人物ではないかとも考えられている。実際には大和朝廷をつくったのが崇神で、その業績の一部を神武のものとし、その間に八人の「架空の」天皇を入れたという説である。

なぜそんなことをしたのか。歴史的に見れば大和朝廷(最近の教科書表記では「ヤマト政権」)が日本を支配したのは四世紀の中頃といわれている。しかし私は、先に述べたように、邪馬台国が大和朝廷と同じものだという考えなので、邪馬台国が登場した三世紀の中頃には大和朝廷が始まったと思っている。つまり大和朝廷以降の歴史は、実質的には約一七〇〇年だということだ。

ところが日本では、太平洋戦争が始まる前年の昭和一五（一九四〇）年に、日本紀元二六〇〇年の祝賀祭が大々的に執り行われている。つまり、天皇家（大和朝廷）の歴史が約九〇〇年、水増しされているのだ。なぜ天皇家の歴史は二六〇〇年もあったとされていたのだろうか。

天皇の歴史二六〇〇年の起こり

干支《えと》は誰もが知っていると思う。子丑寅などの十二支と、甲、乙、丙などの十干《じっかん》を組み合わせて、全部で六〇種類ある。そして、甲子《きのえね》から癸亥《みずのとい》で一めぐりして満六一歳で最初の甲子にもどる（これを還暦《かんれき》という）。この中で、中国では、甲子から数えて五八番目の辛酉《かのととり》（「辛酉《しんゆう》」とも読む）の年には革命が起こりやすいといわれていた。

古代日本には正確な暦がなかったため、当時の歴史学者は神武の即位年を、革命の起こる、この辛酉の年に当てはめた。だが問題は、六〇年に一度の辛酉の年の、

●天皇系図

代	天皇名	生年／没年	享年（歳）
1	神武天皇	庚午年1月1日／神武天皇76年	127
2	綏靖天皇	神武天皇29年／綏靖天皇33年	84
3	安寧天皇	綏靖天皇5年／安寧天皇38年	67
4	懿徳天皇	綏靖天皇29年／懿徳天皇34年	77
5	孝昭天皇	懿徳天皇5年／孝昭天皇83年	114
6	孝安天皇	孝昭天皇49年／孝安天皇102年	137
7	孝霊天皇	孝安天皇51年／孝霊天皇76年	128
8	孝元天皇	孝霊天皇18年／孝元天皇57年	116
9	開化天皇	孝元天皇7年／開化天皇60年	111
10	崇神天皇	開化天皇10年／崇神天皇68年	119

※「欠史八代」と言われるのは第2代綏靖から第9代開花まで
※享年は『日本書紀』による

どこに当てはめるかということだ。

　昔の学者はそれを紀元前六六〇年に設定した。これが神武紀元すなわち皇紀《こうき》になる。しかし現実的には、これはかなり強引で無理のある設定である。例えば、邪馬台国の卑弥呼は『三国志』に出てくる諸葛孔明《しょかつこうめい》とほぼ同時代人である。孔明が馬車に乗って戦場を駆け巡っていたとき、卑弥呼は宮殿とは名ばかりの「掘っ立て小屋」に住んでいた。そのくらい中国の方が文明化したのは早かったのである。

　それなのに、あえて強引な年号設定をしたのはなぜか？　古代日本人はやはり中国に対する劣等感を持っていたのではないだろうか。そこで、中国を超えようとするあまり、神武の即位年を紀元前七世紀に設定し、秦《しん》の始皇帝（前三世紀）よりも早く統一国家を形成したとアピールしたかったのだ。

　しかし、そのためには初代神武と実質的な大和朝廷の始祖である第一〇代崇神の間の約九〇〇年の歴史を埋めなければならない。そこで欠史八代の天皇が誕生する。しかも、九〇〇年を八人で埋めるため、一人あたりは相当な長寿になる。第六代孝安天皇に至っては、一三七歳まで生きたと『日本書紀』に書いてある。

これが謎の八人の天皇が系図に残っている理由ではないかと私は考えている。ちなみに山川出版社の『日本史広辞典』という分厚い辞典にも、この八人の天皇のことは記述してあるが、「欠史八代」という言葉は出てこない。

諡に隠された天皇の謎

初代天皇の神武と第一〇代の崇神、この二人に共通するのは、諡に「神」という字が付くということだ。「神」のつく天皇は、ほかに第一五代の応神がいるが、天皇ではこの三人だけである。

諡に「神」の字を付けたことには大きな意味があると思っている。たとえば、神武天皇は架空の存在で、崇神天皇こそ本当の初代であるという説の裏付けにもなる。その根拠は、第二代からの「欠史八代」の八人の天皇については、「何をやったか」という具体的な事績が書かれていないということだ。

だから本当の天皇家は崇神天皇から始まった。しかし、天皇家がもっと古い家柄だということを示すために、何百年もさかのぼって神武天皇の存在が「創作」され、神武と崇神の間を埋めるためにさらに八人の天皇の存在が「創作」された。そして、実際の「初代」に当たる崇神には、初代神武と同じく「神」の字を付けたということである。

このように、天皇の諡には、意味があると考えている。たとえば「徳」という字のついた第一六代仁徳天皇などは、後世の人がその遺徳を偲んで贈った諡と考えられる。しかし天皇ではないが、聖徳太子の「諡」から事情は変わった。ところが、聖徳以後の天皇の諡号を見ると、必ずしも徳を持っていたと言えない天皇に贈られているケースが多く見られる。

その代表的な例が、第八一代の安徳《あんとく》天皇である。この天皇は、源平の戦いの際、平清盛《たいらのきよもり》の未亡人である二位尼《にいのあま》に抱かれて入水した。数え年わずか八歳である。そのような幼子に「徳」などあるはずがない。にもかかわらず、「安徳」という諡号が贈られたのはなぜか。

私はこれを怨霊信仰によるものだと考えている。つまり、幼くして命を絶たれた

●「徳」の字がつく天皇と死の状況

天皇諡号	代数	現世への不満	死の状況
孝徳	36	皇太子（中大兄皇子）に妻を奪われ旧都に置き去りにされる	家臣に放置されて旧都で孤独死
称徳	48	弓削道鏡を天皇にしようとするが急死して果たせず	病死だが、暗殺説あり
文徳	55	最愛の第一皇子（惟喬親王）を皇太子にできず死亡	発病わずか4日で急死
崇徳	75	政権奪還のため乱（保元の乱）を起こすが敗北し讃岐へ流罪となる	「天皇を没落させる」と呪いをかけて憤死
安徳	81	平家の血を引く幼帝。わずか8歳で源氏に追われ一族もろとも滅亡	二位尼に抱かれ海中へ投身自殺
順徳	84	武家政権を打倒するため父と共に挙兵するが敗れ、佐渡へ流罪となる	流罪地で、都への帰還を切望しながら憤死

【出典】『日本史真髄』（井沢元彦著、小学館新書）

天皇の霊を、安徳という素晴らしい名を贈ることで、慰めようとしたということだ。

安徳だけではない、実際に子孫が絶えた聖徳太子以降、諡に「徳」の字がつく天皇は六人いるが、その全員が不幸な死に方をしている（上表参照）。

長屋王の変の「犯人」は藤原氏

怨霊など、現実離れしていると考える人もいるかもしれない。そこで次のような話を紹介しよう。

奈良時代の神亀六（七二九）年、長《なが》

屋王《やおう》の変と呼ばれる政変が起きた。その背景として、当時の日本には、天皇が亡くなった後、後継者が定まらない場合は「つなぎ」として皇后が即位して天皇になるという慣習があった。そのため、天皇には一夫多妻で皇后以外にも多くの夫人がいたが、万世一系の血筋を守るため、皇后だけは皇族の出身でなければならなかった（この点は次項で詳しく述べる）。しかし、当時の朝廷を牛耳っていた藤原不比等《ふじわらのふひと》の息子である武智麻呂《むちまろ》、房前《ふささき》、宇合《うまかい》、麻呂の四兄弟は、この絶対的なルールに挑戦した。首皇子《おびとのみこ》（即位する前の聖武《しょうむ》天皇）の夫人であった四兄弟の妹・藤原光明子《こうみょうし》を、皇后の座に押し上げようとしたのである。なぜなら、次期天皇には皇后の産んだ男子が優先されるからだ。

一方の長屋王は、藤原一族に対する皇族代表という立場である。しかし朝廷は長屋王に突然、謀反のたくらみがあると決めつけ、その罪によって自殺を命じた。長屋王はやむなく自分の手で家族を殺し、自分も縊死《いし》を遂げた。天平元（七二九）年、これを歴史上は「長屋王の変」と呼ぶ。

長屋王が無実の罪であったということは、後々に出された国家の記録の中にも記載されている。犯人が藤原四兄弟であったことは言うまでもなかろう。そして共犯は光明子と、その夫・聖武天皇である。

こうして光明子は光明皇后となり、藤原四兄弟は万々歳のはずだった。しかし現実は、そう藤原氏の思い通りにはいかなかった。疫病が流行し、主犯の藤原四兄弟は一年のうちにすべて死亡してしまったのである。

奈良の大仏建立の真の目的

これには光明皇后も聖武天皇も焦りを感じたに違いない。今の世の中でも無実の人を罪に陥れ死に追いやった犯人たちが次々と伝染病にかかって死んだら、人々は「被害者のタタリだ」と言うだろう。ましてや、昔は伝染病が細菌やウイルスによって引き起こされるという知識などない。しかも致死率は新型コロナウイルスの比ではないのだから、その恐怖感は計り知れない。

その恐怖を免れるため、光明皇后と聖武天皇が行ったのが「大仏建立」である。

日本古来の怨霊鎮魂法ではもう通用しないため、強大な仏の力に守ってもらおうとした。これが奈良東大寺の大仏なのだ。

もちろん、このような話は教科書にはまったく書かれていない。歴史学界の先生方も、「聖武天皇の出した大仏建立の詔（建築趣意書）にはそんなことは一言も書かれていない」と反論するだろう。しかし常識的に考えても、詔に「長屋王の霊を鎮魂するため」などと書くわけがない。書けば自分たちの非を認めたことになるし、光明皇后にとっては兄たちの犯罪を告発することにもなってしまう。その代わり詔には、国家を守るという意味の「国家鎮護」という思想が強調された。

ところが、当時の大仏の建立は、現代の日本で有人宇宙ロケットを打ち上げるぐらいの、あるいはそれ以上の財政負担がかかったはずだ。なにしろ、金属製鋳物の巨大仏像の製作は、当時の先進国・唐ですらやっていないのだから。

当時は疫病や不作続きで国家が疲弊しているときである。もし聖武天皇が本当に国家鎮護を考えるなら、まずやるべきことは民の負担を少なくし、民力を休養させることだ。ところが聖武天皇は、大仏建立以前にも全国に国分寺・国分尼寺を建設

東大寺盧舎那仏像

するという「一大仏教信仰プロジェクト」を実行し、国家財政を疲弊させ、民衆の租税負担を重くしていた。そこに大仏建立という一大追加プロジェクトである。国家鎮護どころか、聖武の政治に対する国民の怨嗟《えんさ》の声は満ち満ちていたはずである。

要するに、それだけ古代の為政者は、非業の死を遂げた者が怨霊になって祟りをなすことを、真剣に恐れていたのである。それが天皇の「徳」という字を含んだ諡にも表れている。もちろん、歴史の「定説」にはそのような解説はなされていない。

本郷和人が検証する　古代天皇に関する定説

天皇はかつて大王と呼ばれた

まず、そもそも天皇とはいったいどんな存在なのか、その基本を押さえておきたいと思う。これは後章の女性天皇「つなぎ」説について検証する際にも、役立つと思うので、少し詳しく説明したい。

平成の世に天皇の退位と新しい天皇の即位に伴い、元号が平成から令和に変わったことは記憶に新しい。そもそも、この元号というものが日本に定着したのは、天智《てんじ》天皇から天武《てんむ》天皇、持統天皇の頃だとされている（大宝から連綿と現在の令和に続く）。

中国や朝鮮半島を強く意識していた当時の日本は、白村江《はくそんこう》の戦いに敗れ、朝鮮半島から撤退すると、日本列島内だけで国づくりを考える方向に舵を切った。そこで、天武天皇は日本全国に「国」を置いた。それから、天皇の権威を強化するために、神話世界を整理し天照大神中心の神話を作り出した。神話世界と天皇をつなげて、天皇は天照大神の直接の子孫であるという話を生み出したのである。

元号が定着するとともに、日本という名称も作られた。また、古代の日本では、王は「大王《おおきみ》」と呼ばれたが、新たに「天皇」という呼び名に変えた。

大王とは、各地域の王を統合した、偉大な王のことを指す。五世紀には「治天下王《あめのしたしろしめすおおきみ》」と呼ばれていたという。

朝廷は国や王の名称の変更を知らせるために、中国へ使いを出している。天皇という名称は、漢字からわかる通り、「皇帝」と肩を並べる存在だ。すなわち、これは中国と日本は対等な国であるという意思表示でもあるわけだ。

中国の皇帝からしてみれば、小さな国の王がそのような名称を用いることを快く思わない部分もあるだろう。日本からの使者も死を覚悟して、中国へと赴いたのだろうと思われる。

東アジアから東南アジアの一部までを含み込む漢字文化圏で考えると、その中心は中国であったことに議論の余地はない。朝鮮やベトナムは中国の皇帝の認可を得なければ、王も名乗れず、元号を定める権利も持っていなかったのだ。

逆に言えば、独自の元号を持つことは、その国が独立国である証でもある、ということだ。

大王の条件は成人の男子であること

こうして大王から天皇へと名前を変えた日本の王は、古代においてはどんな存在だったのか。私たちは天皇というと、貴族に囲まれて雅やかな文化・芸事に興じるような存在と考えがちである。

ところが、元来、大王とは土地の豪族たちを戦いによって束ねていった連合体の長を指す。戦闘集団のリーダーである大王は、当然、力のある成人の男子がその位に就くことになる。

明治時代の皇室典範《こうしつてんぱん》では、皇位継承者は男子に限られるが、それは天皇が軍のトップである大元帥を兼ねていたからにほかならない。

大王の条件が成人男子となると、必ずしも皇位は父から子へと直系相続されるとは限らない。例えば、ある天皇が亡くなった際に、その子供がまだ幼い場合、多くの人が納得するのは強い成人の男子である。そうした強い男として、天皇の弟に適任者がいれば、彼が次の天皇となるわけだ。

直系すなわちタテの継承ではなく、兄弟同士のヨコの継承が行われることになる。異母兄弟も多いため、より権力争いは熾烈《しれつ》なものとなり、皇位継承は血で血を洗うような抗争へと発展していった。

その最たるものが、古代日本最大の内乱である壬申《じんしん》の乱と言えるだろう。天智天皇の崩御《ほうぎょ》後、嫡男の大友皇子《おおとものおうじ》と弟の大海人皇子《おおあまのおうじ》による、皇位継承を巡っての争いである。結果、勝利した大海人皇子が天武天皇となり、皇后の鸕野皇女《うののひめみこ》とともに、さまざまな改革を実施していく。

この鸕野皇女が、後章で検証する女性天皇の持統天皇（上皇）である。持統上皇以降、皇位は長子相続（直系相続）であることがより重視されるようになっていくが、これも後章に譲りたい。

諡に隠された意味

大王の時代から、日本という独立した国のリーダーとして君臨するようになった天皇であるが、歴代の天皇のなかには、「強い恨みを持って亡くなった」とされる人物が多数、存在する。

それは天皇の名前を見ると、よくわかる。

天皇が亡くなると、新しい名前である諡を贈られるのが通例だが、無念の最期を遂げた天皇には、良い名前を贈ってその御霊を和らげ、怨霊にならないように祈願していた。

例えば、聖徳太子の時代に生きていたとされる崇峻《すしゅん》天皇は、「崇拝」の「崇」の字がついている。これは悲惨な最期を遂げた天皇に贈られる文字だ。

明治以降、天皇として扱われなくなった崇道天皇にも、「崇」の字が贈られている。

安徳天皇を祀る赤間神宮（山口県下関市）

桓武《かんむ》天皇の弟に当たる崇道《すどう》天皇は、名を早良《さわら》親王という。政治的な濡れ衣を着せられ、島流しとなり、自身の無実を晴らすため食事を絶った結果、餓死に近い状態で亡くなった。その後、無念の死を遂げたこの親王の鎮魂のために、崇道天皇という名前が与えられた。

「崇」のほかに「徳」の文字も、無念の最期を遂げた天皇に贈られた名前である。例えば、安徳《あんとく》天皇は、平家に擁立され、壇ノ浦《だんのうら》の戦いで、二位尼（平清盛の正室・時子）らとともに海中に身を投じて亡くなった悲運の天皇である。

また、後鳥羽《ごとば》上皇の王子である順徳《じゅんとく》天皇も、「徳」の諡を与えられた天皇の一人だ。彼は承久《じょうきゅう》の乱の張本人である後鳥羽上皇に与したことから、佐渡島に流され、同地で非業の死を遂げた。その怨念を恐れて、「順徳」という名前が贈られたという。

また、「崇」と「徳」、両方の字を贈られ、最も怨霊として恐れられた天皇といえば、崇徳《すとく》天皇だろう。後白河《ごしらかわ》天皇と政権を争った保元《ほうげん》の乱で敗れ、讃岐国《さぬきのくに》に流されて、同地で亡くなった。その後、社会不安に陥るような事件や、後白河天皇らに近しい人間たちが相次いで急死したことから、怨霊として恐れられ、鎮魂のために「崇徳」の名が贈られたという。

このように「崇」「徳」といった諡は、非業の死を遂げた天皇に贈られたものだが、それが必ずしも暗殺された天皇に贈られたものとは限らない。

ただ、崇峻天皇に関しては、有力豪族であった蘇我馬子との政権争いに敗れ、暗殺されたとされる。おそらく、歴代天皇のなかで唯一、暗殺されたことがほぼ確実な天皇だと言えるだろう。

諡の政治的な意味

「崇」「徳」といった諡を持つ天皇について述べてきたが、この他にも、特徴的な諡として「光」という字がある。

京都と吉野で二人の天皇が並び立った南北朝時代、北朝の歴代天皇は、光厳《こうごん》、光明《こうみょう》、崇光《すこう》、後光厳と「光」の字が入った諡が贈られている。野村朋弘氏の『諡』（中央公論新社）によれば、「光」という字は、皇位継承に少し問題のあるときに用いられる字だという。

南北朝時代とは、皇位の正統性が問われた時代だ。南北朝同士だけでなく、北朝のなかでも皇位をめぐる対立や争いがあった時期である。

そのため、「奇妙にも続いた『光』の諡号は、一つには南朝に対して、また一つには北朝内の皇統分裂に際して、自らの正統性を示すものとして機能したといえる」と同書で野村氏は指摘している。

検証3

古代女帝に関する「定説」

女帝は「つなぎ」が役割だったのか？

日本の歴史上、女性の天皇（女帝）は、推古《すいこ》、皇極《こうぎょく》、斉明《さいめい》（皇極重祚《ちょうそ》）、持統《じとう》、元明《げんめい》、元正《げんしょう》、孝謙《こうけん》、称徳《しょうとく》（孝謙重祚）、明正《めいしょう》、後桜町《ごさくらまち》の一〇代八名。このうち江戸時代の明正、後桜町を除く六名は、平安以前の天皇である。

推古から持統までは、先の天皇が亡くなるなどで退位した後、その皇后からという立場から即位した。その背景には、皇位継承の紛糾や、即位する予定の皇子が幼少であるなどの事情がある。

たとえば推古天皇の場合は、第三〇代敏達《びだつ》天皇の皇后（額田部皇女《ぬかたべのひめみこ》）であった。しかし兄の用明《ようめい》天皇（第三一代）が亡くなったとき、蘇我馬子は、ライバルの物部守屋《もののべのもりや》が擁立しようとした穴穂部皇子《あなほべのみこ》を攻め滅ぼし、泊瀬部皇子《はつせべのみこ》を天皇（第三二

●古代女帝に関する「定説・仮説」

定 古代女帝「つなぎ」説	推古から持統までの古代の女帝（女性天皇）の多くは男性の天皇が即位するまでの中継ぎ的即位、すなわち「つなぎ」的性格であったと言われている。
仮 持統天皇「非・つなぎ」説	天武天皇の崩御後、持統は自分が即位することで天智天皇の血筋を受け継ぐ直系の孫を天皇に即位させようとした。単なる「つなぎ」ではなく、目的をもった「つなぎ」であったと言える。
仮 孝謙天皇と道鏡の仲	古代女帝の中で唯一、天皇になるべくしてなった孝謙天皇。しかし、その晩年を汚すような弓削道鏡とのスキャンダルが発覚。果たしてその真相は？

定は教科書などに書かれた「定説」　仮は一部の研究者の説や一般論としての「仮説」

代崇峻《すしゅん》天皇）に擁立した。しかし、崇峻天皇も最期は馬子によって暗殺されてしまう。そこで馬子が白羽の矢を立てたのが、推古天皇であった。

これらの女帝は男性の天皇が即位するまでの中継ぎ的即位、すなわち「つなぎ」的性格であったと言われている。これは皇太妃（天皇の生母で、前天皇の妃）から即位した元明や、内親王から即位した元正も同様である。

唯一、孝謙天皇だけは、女性で皇太子となり、即位した。つまり、女性天皇も男性天皇と同等の地位に設定されていたことがわかる。

直系相続へと変貌する皇位継承

女性の天皇・上皇の存在を考えるとき、改めて「天皇とは何か」を問わなければならない。前の検証でも述べた、天皇＝大王について思い出してほしい。

天皇とはすなわち大王のことであり、諸豪族《ごうぞく》を力で束ねて、その王となった存在である。周囲の人間を従わせる軍事力を持っていなければ、王になることはできない。いうなれば、天皇はそもそも軍人であるということだ。

軍人であるということは、まず子供はふさわしくない。そして女性よりも男性であることが望ましい。その結果、成人の男子であることが本来的な天皇のあり方だということになる。

そうなると、どうしても皇子が小さいうちに天皇が亡くなってしまうと、そのまま父から子へ、タテに皇位を継承することができない。その場合、天皇の弟などに強い成人男子がいれば、ヨコに皇位が継承されることとなる。

確かに、天智天皇、天武天皇、持統天皇が登場する以前には、兄弟間で皇位が受け継がれることが非常に多かった。五七二年に天皇に即位した敏達《びたつ》天皇の後、用明天皇、崇峻天皇、推古天皇と続くが、系図では横並びで記載されるように、全員が兄弟関係にある（女性の天皇である推古天皇は妹にあたる）。

しかし、天智天皇、天武天皇あたりになってくると、父から子へと直系の形で皇位が受け継がれるようになっていく。これに大きな役割を果たしたのが、女性の天皇であり、のちに初めて「上皇」となった持統天皇だった。

持統天皇という女帝

持統天皇は、天智天皇の娘で、その天智天皇の弟である天武天皇の皇后である。天智天皇が崩御した後、その嫡男である大友皇子と、天智天皇の弟・大海人皇子

（天武天皇）との間で皇位継承をめぐる争いが勃発した。これが古代日本最大の内乱である壬申《じんしん》の乱である。天智天皇の娘・鸕野皇女、すなわち後の持統天皇は、もちろん夫である大海人皇子と行動をともにした。

　壬申の乱は、皇女の異腹の弟にあたる大友皇子の自害によって終息し、結果、天智天皇の弟の大海人皇子が天武天皇として即位した。その後も、皇女も積極的に政治に参画し、とりわけ天智天皇が目指した律令制の制定を推し進めたという。

　さまざまな改革を実現するなかで、朱鳥《しゅちょう》元（六八六）年、天武天皇が崩御してしまう。このときの皇后の思惑は、自らの子・草壁皇子《くさかべのおうじ》を後継者とすることだった。先にも述べた通り、古代日本では長子相続は絶対ではなく、王に相応しい成人男子へと皇位が継承されることもしばしばであった。壬申の乱も結果的にはそのようなヨコの関係で、兄弟同士の皇位継承となったのである。

　ところが、皇后（鸕野皇女）すなわち持統天皇は、敬愛する父・天智天皇の血統さらには自らの血を後世に残すことに執着し、天智と自分の血脈で皇位を独占することを望んだ。そして、そのために草壁皇子を擁立したのである。結果、自らの姉であり、天武天皇の妃だった大田皇女《おおたのひめみこ》の子・大津皇子《おおつのおうじ》を捕えて自害にまで追い込んだ。ところが草壁皇子は、父の殯《もがり》が明けるとともに急逝《きゅうせい》してしまう。

何としても天智天皇の直系での皇位継承を成し遂げたい皇后は、草壁皇子の嫡男・軽皇子《かるのみこ》（後の文武《もんむ》天皇）に注目した。しかし、皇子はこのとき、まだわずか七歳だった。そこで皇后は、皇子の成人を待つまで、空位となる皇位に自らが即位することを決意したのである。こうして、女性の天皇である持統天皇が誕生したのだ。

天皇は成人男性であるべきだという大原則が働くなかで、直系の男子による皇位継承を成し遂げるには、意中の皇子が成人に達するまで皇位を「つなぐ」必要が生じる。そのために女性の天皇という存在が生まれたといっても過言ではないだろう。

目的は天智天皇の直系を保つこと

持統四（六九〇）年一月一日に即位した持統天皇は、父・天智天皇と夫・天武天皇が目指した律令《りつりょう》国家建設に向けて、政治的手腕を発揮した。

即位の前年には日本で最初の「令」である「飛鳥浄御原令《あすかきよみはらりょう》」を施行。即位の年には御原令に基づいて、戸籍（庚寅年籍《こういんねんじゃく》）を完成させ、班田収授制《はんでんしゅうじゅ》の土台を作り上げた。持統八（六九四）年には、中国の都城を模した藤原京を完成させ、遷都している。

文武元（六九七）年、ついに軽皇子が即位して文武天皇になると同時に、持統天皇は太上天皇、すなわち日本初の「上皇」となり、文武天皇を補佐していくこととなる。

持統天皇による施策の最たるものとして、「律令制に基づく統一国家の建設」と、「長子相続による天皇の皇位継承」の二つが挙げられるだろう。

大宝律令が施行される前年（七〇一年）には、持統天皇は天智八（六六九）年以来、三二年ぶりとなる遣唐使を派遣。先述した通り、中国に対して初めて「日本」という国号を使い、天智天皇、天武天皇、持統天皇と三代にわたって目指してきた律令国家「日本」を成立させるに至る。

そして、天武天皇の崩御後、自らの子である草壁皇子、そしてその子である軽皇

「百人一首之内　持統天皇」

子に皇位を継がせるため、自らがつなぎの女帝となって、天智天皇の血統を長子相続によって維持しようとした。

女帝・上皇は「中継ぎ」という手段

持統天皇は、さらに天皇の相続を安定して行うために上皇という存在をも生み出している。この上皇は、後の院政期の上皇とはかなり性格を異にしている。院政期の上皇は自分が権力を握り続けるために天皇に位を譲るというものだが、持統天皇の目的は、あくまでも自分の血筋で皇位を独占することにあった。自分が権力を握ることは目的ではなく、手段なのである。

持統天皇以降、女性の天皇（女帝）が集中的に現れるが、いずれも天智系の皇統を守るための中継ぎ役である。女帝も上皇も、くり返すが手段だったのだ。

慶雲《けいうん》四（七〇七）年には、文武天皇が二十五歳で崩御、即位が期待された首皇子《おびとのみこ》（後の聖武天皇）は、このときわずか七歳だった。そこで、文武天皇の母・阿閉《あへの》皇女《ひめみこ》が即位し、元明天皇となる、というかなりアクロバティックな皇位継承を見せた。もちろん、前例のない継承である。

その後、霊亀元（七一五）年には、皇位を娘の氷高内親王に譲り、史上初の未婚の女帝である元正天皇が誕生することとなった。元明天皇という「中継ぎ」、そして元正天皇という「中継ぎの中継ぎ」という女帝を用いて、なんとか、天智天皇の直系である首皇子に皇位をつなげようとした苦心ぶりがうかがえる。

女帝の存在がなくなった理由

このように天智天皇の直系での皇位継承を維持するために、「つなぎ」として誕生した女帝であるが、聖武天皇の後に未婚の女性の天皇として即位した孝謙《こうけん》天皇（後の称徳《しょうとく》天皇）以降、江戸時代になるまで女帝は存在しなかった。これはどういうことだろうか。結論から言えば、この孝謙天皇（称徳天皇）が、女性の天皇の問題を顕在化させてしまった、ということだろう。

「中継ぎ」の元明天皇、「中継ぎの中継ぎ」の元正天皇と、二人の女帝の存在によってなんとか即位させた聖武天皇だったが、光明皇后との間には男子が育たず、直系の子供は娘の阿倍内親王《あべのないしんのう》だけだった。さらには仏教に帰依し、突然出家してしまったため、皇太子となっていた阿倍内親王に皇位を譲ることになる。こうして誕生したのが、孝謙天皇である。

この方は女性で唯一の皇太子であった。中継ぎではなく、天皇になるべくしてなったただ一人の女性、ということになるだろう。この時代の女性の天皇は、皇配（夫となる人）を持つことは許されなかった。夫がいる女帝もあるが、持統天皇と同じで、まず天皇の妻であり、その後に中継ぎ役として即位した場合に限られる。このため、中継ぎではない女性の天皇の後継者をどうするのか、という難問にぶつかることとなったのである。

紆余曲折を経て、天武天皇の子・舎人親王《とねりしんのう》の息子が皇太子となるが（後の淳仁《じゅんにん》天皇）、孝謙天皇は自らが天智・持統の唯一の直系であるという強い自負を持っており、譲位後も上皇として権勢を振るい続けた。孝謙天皇の側近で実質、政務を担当した藤原仲麻呂《ふじわらのなかまろ》にとっても、譲位してもらった淳仁天皇にとっても、孝謙天皇は御しにくい存在であったのである。

そこに来て、有名な道鏡《どうきょう》事件が起こることとなる。病を得た孝謙上皇が、側に仕える僧侶・道鏡を寵愛《ちょうあい》するようになったのだ。道鏡は皇位簒奪《さんだつ》を狙い、孝謙上皇を巧みに利用し始める。仲麻呂や淳仁天皇といった邪魔者を廃したのち、孝謙上皇は自ら皇位に返り咲き、称徳天皇となった。

そしていよいよ、称徳天皇は、道鏡を天皇にしたいとまで主張するようになる。これに周囲の貴族たちは強く反発した。有名な和気清麻呂《わけのきよまろ》の抵抗と八幡神の神託もあり、道鏡の企みは食い止められた。こうして、天皇家以外の人物が皇位に就くという事態は斥《しりぞ》けられたのである。

これによって指摘できるのは、この事件が朝廷貴族たちに、女性の天皇の問題性を強く意識させることとなったのではないだろうか、ということだ。女帝への忌避感と言ってもよい。事実、称徳天皇以降、八六〇年近く、女帝は存在していないことはすでに述べた通りである。よほど、道鏡事件に懲りたのではないだろうか。

井沢元彦が検証する　古代女帝に関する定説

「つなぎ」としての女帝

天皇家は邪馬台国の頃とは違い、男系優先にはなったが、古代には何人かの女性の天皇（女帝）が輩出されている。これらの女帝については、後継者の男性が若かったりした場合の臨時の「つなぎ」という考えが定説となっている。

たとえば第三二代崇峻《すしゅん》天皇の跡は、「つなぎ」として用明天皇の妹で第三〇代敏達天皇の皇后でもあった額田部皇女《ぬかたべのひめみこ》が即位して継いだ。第三三代推古《すいこ》天皇である。

推古天皇の跡は、舒明《じょめい》天皇が継いだ。天皇には皇后の宝皇女《たからのおうじょ》との間に中大兄皇子（後の天智天皇）と大海人皇子（後の天武天皇）が生まれていたが、実は二人には古人大兄皇子《ふるひとのおおえのみこ》という兄がいた。母は蘇我氏の娘である。

この時代、まだ天皇の相続には天皇自身の指名が優先された。しかし、舒明天皇は何も言わずに亡くなったため、後継者争いを避けるためか、ふたたび「つなぎ」で皇后が即位することになった。これが第三五代の皇極《こうぎょく》天皇である。なお、皇極天皇は、跡を継いだ孝徳《こうとく》天皇が亡くなると、再び「つなぎ」として重祚《ちょうそ》する。第三七代斉明《さいめい》天皇である。

このように、女帝は主に「つなぎ」としての役割を担ってきたが、「つなぎ」どころか天皇の歴史を支える重要な事績を残したケースもある。それが第四一代持統天皇である。持統天皇は天智天皇の娘であり、天武天皇の皇后であった。

天皇家の血統を守った持統天皇

天武天皇の後継者には、皇太子として草壁皇子がいた。天皇と鸕野讃良《うののさらら》皇后（持統天皇）との間に生まれた一人息子である。ところがこの皇子は歳若くして病死してしまう。そこで天武天皇の死後は皇后が即位し、持統天皇となった。その時点で成人している天武の皇子も数人いたが、すべて持統が産んだ子ではない。彼女が天皇にしたかったのは、草壁皇子の子、つまり自分の直系の孫である軽皇子だった。

この持統の狙いを説明するには、「女性天皇」と「女系天皇」の違いを理解していただく必要があるだろう。日本の天皇は初代神武天皇以来すべて男系であり、神武天皇の血を引く男子の系統でなければ天皇になれない。持統のほか、推古や皇極(斉明)のように、この時点で過去に何人かの女帝(女性天皇)はいたが、この女性たちはすべて父親が天皇であって、系統的には「男系」である。

これとは逆に、たとえば女性天皇と一般男性が結婚して生まれた子供が次の天皇になった場合、その子は男女にかかわらず「女系天皇」と呼ぶ。しかし現実には、日本の歴史上に「女性天皇」はいるが「女系天皇」はいない、ということになっている。

ここで、持統より約二〇〇〇年前の第二六代継体《けいたい》天皇の例を見てみよう。継体の前の天皇である第二五代武烈《ぶれつ》天皇は、男子の跡継ぎを残すことなく亡くなった。そこで慌てた朝廷は日本国中を探し回り、越前国《えちぜんのくに》(福井県東部)にいた応神《おうじん》天皇五世の孫という男大迹王《をほどのおうきみ》を発見し、天皇とした。これが継体天皇なのだが、五世の孫というのはずいぶんと「血が薄い」と感じられないだろうか。

しかし、仮に継体がどこの「馬の骨」かわからない血筋だったとしても、天皇の血筋は保たれた。なぜなら継体は第二四代仁賢《にんけん》天皇の娘で武烈天皇の姉でもある手白香皇女《たしらかのひめみこ》を皇后としたからだ。そして三代後の第二九代の欽明《きんめい》天皇は継体と手白香皇女の間に生まれた男子なので、欽明天皇は実質上の女系天皇として「万世一系は保たれた」ということになる。

では、持統天皇の夫でもある天武天皇の出自はどうだったのか。『日本書紀』は天武の皇子である舎人《とねり》親王らの撰によるものであり、天武の行動を正当化するために書かれた書物であるから、天武の出自もかなり潤色されている可能性がある。

あくまで仮の話だが、もし天武も「馬の骨」だったとしたら、天武の即位によって万世一系は絶たれてしまう。しかし、もし持統が産んだ子か直系の孫が天皇になれば、その天皇は持統に由来する女系天皇として「万世一系を死守した」ことになる。そして即位したのが、持統の直系の孫である第四二代文武天皇であった。

ちなみにこの持統天皇は、天皇家の「万系一世の血筋」と「天智の血を引く百済系の血筋」を守っただけでなく、日本の歴史を変えるような大英断を行った天皇でもあった。それは、天皇が亡くなるたびに遷都を行うという非効率で、国家の発展を妨げるような因習の廃止であり、その因習を破るために藤原京を固定の都として設立した。さらには古墳を廃止して初めて火葬という習慣を導入するのだが、それらの政策がいかに画期的なものであったかということは、また改めて紹介したいと思う。

興味のある方は拙著『日本史真髄』(小学館新書)、『天皇の日本史』(角川文庫)などをご参照いただきたい。

持統の遺志を継いだ二人の女帝

こうして持統が擁立した文武天皇だったが、なんと持統の死後わずか四年半後に、二五歳の若さでこの世を去ってしまった。

持統の遺志もここまでかと思いきや、その遺志を継ぐ者が現れた。持統の異母妹であり草壁皇子の妃であった阿閇皇女《あへのひめみこ》である。実は、文武と妃との間には、首皇子《おびとのみこ》（後の聖武《しょうむ》天皇）という男子が生まれていたのだが、まだ幼かった。そこで祖母の阿閇が即位して天皇となった。これが元明天皇である。そして元明は八年間の在位の後に生前退位して上皇となり、自分の娘であり首皇子の伯母でもある氷高皇女《ひだかのひめみこ》に位を譲った。これが元正天皇である。

それまでの女帝には即位以前に夫がいたが、元正は生涯配偶者をもたず、子供もいなかった。すべては首皇子を天皇にするための布石といっていい。「持統」のために二人の女帝は、あくまでも首皇子が即位するまでの「つなぎ」として存在した。そしてようやく、首皇子は即位して第四五代聖武天皇となった。

称徳天皇と道鏡

聖武天皇と光明皇后の話は前項でも触れたのでここでは省略するが、最後に第四八代称徳《しょうとく》天皇について述べておきたい。称徳天皇は重祚《ちょうそ》した後の諡であり、最初に天皇になったときは第四六代孝謙《こうけん》天皇だった。

彼女は母の実家の藤原氏の意向で、異母弟の安積親王《あさかしんのう》が健在であったにもかかわらず、親王を差し置いて皇太子となった。日本史上で後にも先にも彼女以外に女性で皇太子になった者はいない。

当時、藤原氏は天皇にはなれなくても、天皇家の権力はすべて奪おうとしていた。そのため、天皇家の財力の源である荘園を奪うための三世一身の法や墾田永世私財法なる法律を立て続けに成立させ、元来天皇のものであった土地を開墾した者に譲る（実質的には天皇の土地を奪って藤原氏の私有地を増やせる）制度に変えてしまった。

そして藤原氏出身の光明皇后は、聖武が譲位し孝謙天皇（称徳天皇）が即位した後も皇太后となって朝廷に君臨していた。しかし臣下出身の光明は「つなぎ」として天皇に即位することもできないため、新たに紫微中台《しびちゅうだい》という「第二の朝廷」を設け、一族の藤原仲麻呂を長官に抜擢した。仲麻呂は光明の甥にあたるが、この藤原氏中心の機関をもって光明は朝廷を完全に牛耳ろうとしていた。

こうした状況を光明の実の娘である孝謙天皇はどのように見ていたのだろうか？　実は孝謙は、単なる母の傀儡《かいらい》ではなかった。母の実家である藤原氏よりも天皇家の一員であるという自覚が強かったようだ。

そして最終的に孝謙天皇は、仲麻呂を追放することになる。おそらく母である光明の指示で、一度は天武の孫である大炊王《おおいおう》（淳仁天皇）に位を譲った。淳仁は、藤原仲麻呂の保護下にあり、最も忠実な藤原氏の傀儡になるような人物であった。

そして仲麻呂は恵美押勝《えみのおしかつ》と名乗るようになるが、七五五年に唐で安禄山が反乱を起こし、唐王朝が大混乱を来している機に乗じて、とんでもない計画を企てる。

歴史に鋭い眼力を持つ作家、海音寺潮五郎《かいおんじちょうごろう》は、「新羅を討つ」という、かつての神功《じんぐう》皇后に匹敵する手柄を立てることによって、仲麻呂は本気で天皇に取って代わろうとしていたのではないかという推測をしている。あり得ることだと思う。

しかし仮に新羅征服が一度はうまくいったとしても、唐あるいはそれに代わって中国で生まれる政権との対立を招くことは必至で、そうなると天皇家自体も存続の危機を迎えることになる。ここで孝謙上皇は立ち上がった。反対派を糾合して淳仁

宇佐八幡宮

から権力を奪い、仲麻呂を追放したのである。

失脚した仲麻呂は乱を起こしたが、孝謙上皇に事前に察知されて殺され、淳仁も廃帝とされ淡路島に流され死んだ。そして孝謙上皇は再び即位して、第四八代称徳天皇となった。

国家と天皇家を危機から救った称徳は、天皇家中興の名君と称えられてもよさそうなものだが、実際、特に近代以前は「天皇家の恥さらし」のような不名誉な評価を受けている。それはひとえに弓削道鏡《ゆげのどうきょう》という僧侶との「関係」が原因だ。

称徳と道鏡の関係は極めて緊密であった。称徳は道鏡の政治面の才能にも注目し、登用する。さらに周囲を驚愕させたのは、35ページで紹介した宇佐八幡の神のお告げにより、天皇家とは何の血縁もない道鏡に天皇の位を譲ると言い出したことである。

困惑した朝廷は、それが本当に神の意思かどうか確かめるために、和気清麻呂《わけのきよまろ》を宇佐に派遣した。そこで清麻呂が受けた神託（神のお告げ）は「この国は天皇家の子孫だけが統治できる」というものであり、称徳の目論見は粉砕されてしまった。

なぜ、称徳は道鏡にそれほど入れ込んだのか、それは二人が「男女の関係」にあったからだ、というのが後世の史家の判断だが、私は別の考えを持っている。

称徳は母光明や仲麻呂のことも含め、藤原氏という実家に絶望していた。一方で天皇家にも後を任せられる人材はいない。ならば中国の孔子が理想としたように、血縁がなくても優れた人物に権力の座を譲るのが正しいと考えたのではないか。

しかし、結局彼女は独身のままこの世を去り「天武王朝」は断絶した。そして天皇家の血筋は保たれたのである。

検証4

聖徳太子に関する「定説」

聖徳太子は実在したのか?

　聖徳太子（五七四～六二二）は、用明天皇の皇子で、母は皇后穴穂部間人皇女《あなほべのはしひとのひめみこ》。厩戸皇子《うまやどのおうじ》が実名とされているが、上宮厩戸豊聡耳《かみつみやうまやどのとよとみみ》皇子、上宮法皇などいろいろな呼称でも呼ばれている。『日本書紀』によれば、推古天皇が即位した五九三年に立太子し、摂政となったとされているが、実際に政治に関与したのは推古一〇（六〇二）年頃からと考えられている。

　聖徳太子の功績で有名なのは、冠位十二階、憲法一七条の制定、遣隋使の派遣などだろう。また、仏教への造詣が深く、『三経義疏《さんぎょうぎしょ》』を著し、大阪・四天王寺の造営も手掛けた。仏教を手厚く保護したことから、平安時代以降は太子自身が信仰の対象とされ多くの太子像も作られている。ただし、太子像の中で最も著名な法隆寺

●聖徳太子に関する「定説・仮説」

仮 聖徳太子虚構説	聖徳太子について書かれた資料は『記紀』のほかにもあるが、そのうちのいくつかはかなり後年になって書かれたものや、『日本書紀』成立以降のものもあるため、「虚構説」や「偽名説」が言われている。
定 非・皇太子説	聖徳太子は皇太子ではなく、実は蘇我馬子と同じ一豪族であり、馬子と二頭政治、あるいは共同で推古政権を支えたとする説。教科書もこの説の可能性に言及している。
仮 暗殺説	聖徳太子は蘇我馬子の子の善徳で、後に中大兄皇子に暗殺された事実を隠すために作られた架空の人物で蘇我入鹿であるいう主張。『聖徳太子暗殺論』（高野勉著、1985年）などで述べられている。

定は教科書などに書かれた「定説」　仮は一部の研究者の説や一般論としての「仮説」

伝来の御物本は、本来、太子像として描かれたものかは定かでないという。

蘇我馬子の娘、刀自古郎女《とじこのいらつめ》との間に山背大兄王《やましろのおおえのおう》らの子をもうけたが、後に山背大兄王は馬子の孫である蘇我入鹿によって一族もろとも滅ぼされてしまう。

聖徳太子については、研究者の間で「皇太子」とすることを疑問視する向きもあり、一豪族として蘇我馬子と共同で政務を行っていたのではないかとする説もある。また、太子の存在自体が虚構なのではないかとする考えもあるようだ。

井沢元彦が検証する　聖徳太子に関する定説

聖徳太子は実在したのか

聖徳太子という人物は、実在したとか、しなかったとか、いまだにはっきりしない部分もある。また、最近の教科書では「厩戸皇子（後の聖徳太子）」という表現が使われているようで、聖徳太子という表現自体を避ける傾向にあるという。これは有名な「憲法十七条」について記している『日本書紀』が、いわゆる国家による「正史」であり、天皇家に都合のいいように書かれた書物なので、信ぴょう性が疑わしいという研究者が多いことが理由らしい。

また、聖徳太子という呼称は、私も過去から述べているように生前には用いられず、没後一〇〇年以上経過した書物の中から発見されたものだということも理由のようだ。ただし本章では、一般的になじみのある「聖徳太子」で記述を続けていきたい。

聖徳太子の「太子」とは皇太子の略だが、聖徳太子は結局天皇になれなかった。だが、皇太子のまま亡くなった人にしては、極めて異例の「聖徳」という素晴らしい「諡号《しごう》」をもらっている。

古代天皇の項目でも述べたが、生前の業績を偲ぶ「徳」に加えて「聖」という貴い文字までついている。しかも聖徳太子はあくまでも皇太子であり、天皇ではなかったのである。いかにこの人が後世の人々により賞賛されているかということがわかるであろう。

皇太子として活躍

聖徳太子は、西暦五七四年に第三一代用明天皇の第二皇子として生まれた。この時代は朝鮮半島の百済から五三八年に仏教が伝えられていたが、信者はまだ少なかった。ところが皇子は少年の身ながらすでに仏教の信者であった。母方の蘇我氏が半島から渡来し日本に帰化した一族だったので、その影響もあったのだろう。それも半端な信者ではなく、後に仏典の解釈書も著すほど仏教について造詣が深かったという。

一方、日本国内には仏教に反発する勢力もいた。日本古来の神道を信じる物部氏である。彼らは、外国の宗教を許せば日本はケガレて禍事を招くとし、蘇我氏を排除すべきだと考えた。危機感を抱いた蘇我氏は物部氏に戦いを挑み、日本史上初の宗教戦争が行われた。

両軍は河内（大阪）方面で激突したが、最初は軍事力に優れた物部氏が圧倒的に優勢だった。

しかし、蘇我軍に従軍していた厩戸皇子は、仏界を守護する四天王に戦勝を祈願し、勝利した暁には四天王を祀る寺を建立しますと約束した。

すると奇跡が起こった。蘇我軍の一兵士が放った矢が、見事敵の大将物部守屋を射殺してしまったのだ。物部軍は総崩れとなって敗走し、最終的に蘇我軍が勝利したのである。

四天王寺

四天王の加護で物部氏に勝利した聖徳太子が、その後約束を守って建立したのが今も大阪にある四天王寺であった。

十七条憲法の功績

さてすでに述べたように、日本初の女性天皇である推古天皇（女帝）は、兄の子である厩戸皇子（聖徳太子）を皇太子とした。そして太子は推古女帝の摂政としてバリバリ仕事を始めた。

聖徳太子の業績で私が最も重要と考えるのは、「憲法十七条」いわゆる「十七条憲法」の制定である。この内容について高校の教科書などには次のように書かれている。

604年に聖徳太子がさだめたとされる憲法十七条には仏教や儒教の考えがとり入れられ、天皇のもとに支配を秩序づけることや、官僚として勤務する心がまえな

どが説かれた。(『詳説日本史B　改訂版』山川出版社)

さらに人によってはこれを儒教的道徳を説いたものだという人もいるが、残念ながらまったくの見当違いである。

聖徳太子が強調しているのは天皇に服従することより「和」を保つことであり、協調性を発揮し極力争いが起きないようにし、不幸にも争いが起こったら必ず「話し合い」で解決することである。

信じられない人は、もう一度「十七条憲法」の第一条および第十七条を熟読することをお勧めする。

タタリをなす前に「和」をもって解決

聖徳太子の定めた十七条憲法ほど、日本人の根本的信仰を的確、かつわかりやすく述べたものはない。日本史の実に貴重な史料というか、文化遺産であると言っても過言ではないだろう。

ところがそれがまるでわかっていない歴史学の先生方からは、その価値がいまだに低く見られている。

聖徳太子はなぜ「和」を強調したのか？　それは怨霊信仰こそ日本の神道の根幹だからだ。

日本はそもそも最高神の子孫が治める、神々に祝福された国である。にもかかわらず、起こるはずのない台風や地震のような自然災害、あるいは疫病や戦争といった不幸に見舞われる。なぜか？

それを古代人たちは怨霊の仕業と考えた。先に述べたように、聖武天皇と光明皇后が東大寺の大仏を建立した経緯を考えてほしい。要するに天皇の霊的能力に対抗できるほどの強大なパワーを、敗者の怨念というエネルギーが作り出すと考えたのだ。ならばこのパワーをプラスに転じること、つまり怨霊鎮魂は最も重要な国家的祭事となる。

しかし怨霊が出現したときは、人間でいえばすでに重い病気にかかってしまった状態と同じである。そこでは治療が最優先だが、一番良いことはそもそも病気にならないこと、つまりは「予防」である。

では怨霊を発生させないための予防措置とは何か、それは争いを極力避けて「負け組」が出ないようにすることだ。だからこそ聖徳太子は、「和」つまり対人関係における協調性を保つことが何より大切であると主張した。

「何より」というのは、この憲法十七条の第二条における仏教より、あるいは第三条における天皇の命令より重要だということだ。そして重要だからこそ、十七条の最初の第一条と最後の第十七条で、「話し合い絶対主義」、つまり話し合いで決めたことはすべてに優先するという考え方を二度繰り返している。言うまでもなく聖徳太子が「そうせよ」と命令したから、話し合い絶対主義になったのではない。日本人はそうなのだと聖徳太子が気づいたということだ。

最近、聖徳太子非実在説を唱える人もいるが、これほどの智者が架空の人物であるはずがない、と私は考えている。

本郷和人が検証する　聖徳太子に関する定説

元号と皇紀

「聖徳太子の事績のうち、冠位十二階や遣隋使以外はまったくの虚構」「そもそも聖徳太子の存在は『日本書紀』編纂時の有力者であった藤原《ふじわらの》不比等《ふひと》による創作」という説が、一九九〇年代後半から唱えられるようになった。古代史が専門ではない私は、聖徳太子虚構説について何か述べることは控えたい。

ただ、明治時代初頭の歴史学者にとって、聖徳太子は、日本の基礎を築いた人物として重要視されていたことは確かである。

これを説明するには、井沢先生も説明されているが、「元号」とは異なる暦「皇紀」について述べる必要があるだろう。

天智天皇、天武天皇、持統天皇の時代に定着したとされる日本の元号は、飛鳥時代に定められた「大化」という元号以降、連綿と続いていくこととなる。途中、空白の期間もあったが、七〇一年に制定された「大宝」以後、ずっと元号は続いていった。一方、皇紀とは、神武天皇が最初に即位した年を元年とする暦である。紀元前六六〇年が元年とされており、本書初版が刊行された二〇二〇年は皇紀二六八〇年ということになる。この紀元前六六〇年が、神武天皇即位の年とされたのは、聖徳太子の存在が密接に関わっていると言っても過言ではない。

一二六〇年に一回、大革命が起こる

神武天皇の紀元前六六〇年即位とすることに決まったのは、少々、複雑ないきさつがある。それには日本の暦の表記の仕方について、まず説明しよう。

古来より日本の暦は、「甲・乙・丙・丁・戊・己・庚・辛・壬・癸」の十干、「子・丑・寅・卯・辰・巳・午・未・申・酉・戌・亥」の十二支を組み合わせた、「十干十二支」で表されてきた。

この十干十二支を組み合わせると（10×12÷2）、六〇という数字が出てくる。これが一つの周期とされ、六〇年で暦が一巡することから「暦が還る」、すなわち「還暦」と呼ばれるようになった。還暦を迎えた人に赤いちゃんちゃんこを贈るのは、暦が一度巡ることによって、「赤子に戻り、もう一度人生を生まれ直すから」だと言われている。

十干十二支の組み合わせのなかでも、五八番目の組み合わせである「辛酉《しんゆう》」は、革命の年と言われている。これは、漢の時代に生まれた、儒教の考え方をまとめた書物『緯書』にある予言「讖緯説《しんいせつ》」に基づく考えである。これによると、六〇年に一回巡ってくる「辛酉」の年には、天命が改まり、王朝が変わるなど何かしらの革命が起こるとされる。また、六〇年が二一回めぐった辛酉の年には、ただの革命ではなく、とてつもない「大革命」が起こると言われている。六〇年×二一回とすると、一二六〇年に一回、大革命が起こるという計算になる。

この説に基づいて、明治初頭の歴史学者たちは「前回、大革命が起こった辛酉の年はいつか」と検証を始めた。結果、彼らは聖徳太子がいた頃に起きた辛酉が、大革命の年だったのだろうと位置づけたのである。

辛酉の大革命と聖徳太子

そもそも明治時代初頭には、日本の基礎は聖徳太子が築いたと考えられていた。

先述した通り、日本や天皇という名称、そして独自の元号という制定などを考えると、今日では天智天皇や天武天皇の時代に日本の基礎が形作られたとされる。

だが、明治当初には、聖徳太子は、「十七カ条の憲法」「冠位十二階の制定」「遣隋使の派遣」「仏教の普及」などの貢献から、日本の基礎を作った人物とみなされ、極めて重要視された存在だった。

「聖徳太子がいた時代こそが、日本という国が誕生した年である」とすると、その「日本が誕生した年」こそが「辛酉の大革命が起きた年」だと、当時の歴史学者たちは考えた。すると次に、この辛酉の大革命の「もう一つ前」の「辛酉の大革命とは何か」という問いが立てられた。

そして、「日本の基礎を作った聖徳太子クラスの人物といえば、神武天皇に他なるまい」。それならば、神武天皇が即位した年時こそが、「一つ前の辛酉の大革命の年である」と類推したのである。

まず一回目の辛酉の大革命は神武天皇の即位があった。そして、その一二六〇年後にやってきた二回目の辛酉の大革命では、聖徳太子が日本を作った。

このように明治初頭の研究者たちが結論づけたために、神武天皇即位を元年とした「皇紀」が誕生することとなったのである。

聖徳太子が活躍した年代を西暦六〇〇年として、それより遡ること一二六〇年、すなわち紀元前六六〇年一月一日が皇紀元年となったのである。一月一日は太陰暦の日付のため、これを太陽暦に直すと、二月一一日となる。

この日が日本建国の日となり、明治六（一八七三）年には二月一一日を「紀元節」として、日本の建国記念日に制定した。

いわば、「辛酉革命」思想の受容と、聖徳太子を重要視する考え方がかけ合わされることによって、明治初頭に「皇紀」、そして「紀元節」が誕生したのである。

第二章

中世編

中世史を読み解く視点 ～軍事の観点から日本史を見る

軍事から見る中世

井沢：本郷先生が本書で述べておられるように、天皇は基本的に成人男子であり、軍事司令官という意味があったという点は、その通りだと思います。

他方で、『古事記』以来の「穢れ」の観点から見ると、軍人というのは穢れに触れるわけです。だから世の中が平和になったら、天皇はそういう穢れから離れていったほうがいい、という潜在意識がどこかにあったと思います。

その第一歩を踏み出したのが、平安京を開いた桓武《かんむ》天皇です。異民族である蝦夷《えみし》を征伐するにあたって、自分が神武天皇のように先頭に立つのではなく、部下を征夷大将軍に任命した。要するに武権を委任したということで、これが非常に大きいと思います。これを嚆矢《こうし》として天皇家は刀を持たず手を汚さない存在になっていく。そのなかで代わりに汚れ仕事を担う存在として、武家というものが発達してきたのではないかと見ています。

本来、近代以前の社会では軍事というものは政治を掌握するために必要なものですが、日本だけ天皇の名の下にそれを手放すことができ、武家という新興階級が掌握する形になった。

国家としての祭祀権・文化の側面は朝廷が担当するけれども、東国にある軍事政権の幕府が治安維持や外敵への対処などの汚れ仕事をやるという形で分業が成立したのではないか、という考えだと思っています。

本郷：そのお考えは筋が通っていると思います。戦後の歴史教育の大きな間違いだと思うのが、軍事研究の処遇です。

太平洋戦争で負けたために軍事を忌避する流れが生まれた。軍事に対して何か研究することがなくなってしまった。そのため、軍事史という分野が「鬼っ子」みたいな存在になってしまった。

井沢：実際は軍事史を研究せずして、近代以前の歴史はわからない。

本郷：ええ。けれどもそれが二の次、三の次になってしまった。そういう意味では、政権が生まれるときは軍事というものを考える必要があるはずです。

先ほど井沢先生がおっしゃられたように分業でやるというのはいわば「権門体制論」ですね。そこまで考えていなかったのでは、というのが「東国国家論」なわけですが、国のカタチを考えるということは「軍事とは何か」ということを考えることでもあり、これからの日本の安全保障を考えることでもある。

決して、古いことだけを考えるのではなく、日本の今を考えることにつながっていくと思います。

日本の今を考えるために歴史を学ぶ

井沢：公家は軍事を考えることが嫌なわけですね。不吉なことは考えたくない。手も汚したくない。言霊信仰と穢れ忌避信仰の二つの強烈な信仰で、どうしても思考がストップしてしまう。それが今の日本人にも伝染している。

もちろん、太平洋戦争に負けたということも大きいでしょう。憲法にしてもこのままでいいという人もいる。合理的・論理的に考えれば、行政府は憲法を忠実に守る義務があるはずですから、自衛隊は廃止しなければならない。しかし、それでは国を守れない。現在の日本国憲法は行政府が誠実に守ろうとすればするほど、国家の安全・国民の安全が守れない憲法で、他国なら欠陥憲法ですが、そうならないのが日本なんですね。

本郷：その辺りは本当に広い議論が必要になってくるところだと思いますし、日本の特質という話にもなるだろうと思います。

そういうことを考える意味でも、幕府と将軍という存在と、朝廷と天皇という存在の関係というものを、勉強しておいたほうがいい。

井沢：長いスパンで考えますと、鎌倉時代に天皇家は軍事権を手放して幕府という軍事政権に委ねた。それ以後は、軍事を幕府が担当する形で幕末までやってきた。それが大政奉還で終わります。幕府がお預かりしていた軍事を朝廷にお返ししますという建前で返上したわけです。そうなると、天皇家が軍事問題も担当しなくてはならなくなったので、必然的に大日本帝国憲法では天皇は大元帥《だいげんすい》、つまり軍隊の総司令官に位置づけざるを得ない。ある意味で、過去の天皇が復活したということです。そういう風につながっていくと思います。

本郷：そこが実に大事なところです。広い視野で考えることが歴史では必要になる。大きな時間軸でものを考えないといけない。

今のお話で面白いのは、委任したはずのものは軍事だったはずなのに、終わるときには大政奉還、すなわち政治を返すということになっている。なぜ、軍事を委任したのに政治の実権をお返しするということになるのか、そこのところに長い歴史の物語があるはずなんですけれども。

井沢：大政奉還とセットになっているのが、実は版籍奉還です。古代においては土地と人民も天皇家のものだったはずなのに、中世から近世を通じて、天皇は土地を失った。大政奉還と版籍奉還がセットになっているということも気がつかなければいけないことだと思います。

本郷：日本というと侍というのは必ず出てくるわけです。侍がなんでいなくなったのかということを外国の方に聞かれたときに答えられないといけないんですけれども、今の日本の教育だとなかなか答えられないと思います。

それを答えられるようにするために、鎌倉時代というものを勉強して、国の仕組みを勉強するのが大事かもしれませんね。

検証5

源平合戦に関する「定説」

そもそも**源氏**と**平家**の争いだったのか？

源平合戦は「治承《じしょう》・寿永《じゅえい》の内乱」とも言う。平清盛《たいらのきよもり》が外孫の安徳天皇を即位させて独裁政権を樹立するなど、その専制に不満を抱いた以仁王《もちひとおう》・源頼政《みなもとのよりまさ》らが治承四（一一八〇）年に挙兵。そこから文治五（一一八九）年の源頼朝《よりとも》による奥州合戦に至るまで続いた全国的内乱。

平氏を滅亡させた壇ノ浦の戦いの後、頼朝は朝廷から知行地などを得て、幕府の基礎を固める。さらに後白河《ごしらかわ》法皇が義経《よしつね》に頼朝の追討を命じたことに対抗し、大軍をもって朝廷に迫ると、逆に守護・地頭を諸国の荘園・公領に置くことを認めさせ、東国武士団をこれらに任命した。この守護・地頭の設置により、諸国では国司と守護、荘園では荘園領主と地頭との二重支配が行われるようになった。やがて頼朝は、

●源平合戦に関する「定説・仮説」

定「源平合戦」は不適当？	源氏と平家だけの合戦ではなく、乱には寺社勢力や源氏・平家以外の豪族も参加していた等の理由から、教科書などでも「治承・寿永の内乱」という表現が使われている。
仮平清盛「残虐」説	『平家物語』などでは、平清盛は傲慢で残虐な人物に描かれている。
仮源頼朝「恐妻」説	頼朝は政子を妻に迎えることで北条氏の後ろ盾を得て、平家を破り、鎌倉幕府を作ることができた。そのため、政子には頭が上がらず、常に尻に敷かれていたという説。
仮平家・最初の武家政権説	従来は鎌倉幕府の成立をもって源氏が最初に武家政権を作ったと考えられていたが、最近はその前に平家が作っていた政権が武家政権だったのではないかとする説もある。

定は教科書などに書かれた「定説」　仮は一部の研究者の説や一般論としての「仮説」

逃亡した義経をかくまったとして奥州藤原氏を滅ぼし、全国の軍事支配を達成。建久三（一一九二）年に征夷大《せいいたい》将軍《しょうぐん》に任命され、ここに鎌倉幕府が名実ともに成立した。

以上は『平家物語』や『愚管抄《ぐかんしょう》』などを基に一般的に教科書に書かれている論であるが、実際は平氏一門が本当に独裁的権力を握っていたという点に疑問も出されている。平家の興隆は後白河との強いつながりの元にできたもので、源氏政権の鎌倉幕府より先に平氏が武家政権的な性格を持っていたという見方もある。

本郷和人が検証する　源平合戦に関する定説

中世の国家体制から見る源平の争乱

治承四（一一八〇）年の源頼朝の挙兵から、元暦二（平氏方は寿永四年とする、一一八五）年の壇ノ浦の戦いで平氏が滅亡するまでの戦いを、総称して治承・寿永の乱と呼ぶ。いわゆる有名な源平の争乱のことだ。

そもそも、なぜ源氏と平氏が戦ったのか。源平の争乱は、源氏と平氏というライバルによる覇権争いだったと言ってしまってよいのだろうか。

なぜ源氏と平氏が戦ったのか、その問いに答えるためには、中世の国家体制について押さえておかなければならないだろう。より詳しくは次の「承久の乱」の検証に譲るとして、ここでは簡単に述べておきたい。

まず、中世の国家体制には大きく分けて「権門体制論」と「東国国家論」という二つの考え方がある。

権門体制論は、中世にも日本という一つの国家があり、そのトップは王である天皇で、それを貴族（公家）と武士（武家）、僧侶・神官（寺家・社家）の三つの勢力が支えるという考え方だ。

他方、東国国家論は、中世に日本という一つの国家があったという前提に対して疑問を投げかける。京都の天皇を中心とした朝廷に対し、鎌倉にも将軍を中心とした幕府が存在したことから、西の天皇は貴族を、東の将軍は武士を束ね、両者は並び立って存在していた。すなわち、二つの国があったとするのが東国国家論の考え方である。

権門体制論では、武家は朝廷を支える存在であり、武家のトップである将軍は、天皇の下に就くということになる。しかし、東国国家論では、天皇も将軍もそれぞれ権勢を振るい、並び立つ存在であるため、上下関係にはないとする。

平氏の棟梁《とうりょう》である平清盛は、全国の武士をまとめ上げ、後白河上皇に仕えていた。平氏政権を説明する場合には、権門体制論の図式のほうが、座りがよいことになる。

では、源頼朝の挙兵とはいったい何だったのか。そもそも頼朝の挙兵に前後して、源（木曽《きそ》）義仲《よしなか》も挙兵している。それだけではない。平氏の家人だった肥後国《ひごのくに》の菊池《きくち》氏、伊予国の豪族・河野《こうの》氏、また北陸各地の在庁官人（地方の中級官吏）らもまた、この時期に挙兵をしているのである。

彼らは日本全国を自分のものにしようとしていたわけではない。具体的には国衙《こくが》の奪取を目的としていた。つまり、日本の一地方を支配しようとした者たちが次々と立ち上がった、というのが、この「挙兵」の意味するところなのである。

もちろん、これは朝廷からしてみれば反乱にすぎない。軍事力によって天皇を支える武家の棟梁である平氏政権は、朝廷の命を受け、朝廷に代わって、反乱分子を討たなければならない。

このように考えると、そもそも治承・寿永の乱とは、朝廷による反乱の鎮圧である。源氏と平氏との戦いではないのだ。ただ、この反乱の鎮圧が源平の争乱として表れてきたにすぎない。

この意味では、源氏と平氏はそもそも敵同士でも何でもなかったのである。平治の乱では全面的な対決に至ったが、あくまでも平氏は天皇の命令に従っただけであり、そこに特別な怨恨などなかったはずである。

なぜ清盛は頼朝を殺さなかったのか

このように中世の国家体制と、源平の争乱の意味を見ると、「平清盛残虐説」についても自ずと答えが出てくるだろう。実際に「平清盛残虐説」という説があるわけではないが、『平家物語』において清盛は悪虐非道を行い、非情で傲慢な性格の持ち主のような描かれ方をしている。

しかし、まず歴史学の大前提として、人間の内面にまでは踏み込めないということである。その人間がどんな性格の持ち主か、どんな思いを持っていたのかまでは、歴史学で語ることは難しい。

「人間の内面に寄り添う」というのは、むしろ文学が連綿と研究してきた分野である。歴史学は、歴史のなかである人物がいったい何をしたのか、どういう行動をしたのかを、史料に基づいて明らかにしていく学問であり、そこには大きな違いがある。

また、その人物の行動が社会にとってどんな意味があるのかを研究するのが社会学である。歴史学の大前提を踏まえた上で、あえて平清盛が残虐だったかどうか、その問いに答えるならば、「残虐ではなかった」のではないだろうか。

まず、そもそも源氏と全面的な対決となった平治の乱もよく言われるように、もし仮に、源氏と平氏が不倶戴天の敵であり、ライバル同士であったならば、源氏の後継者である頼朝を生かしておくわけがないだろう。だが、清盛は源氏が憎くて戦ったのではない。先述の通り、あくまでも天皇の命を受けて戦ったにすぎない。そこに清盛自身の意思は関係なく、たまたま敵味方に分かれたくらいの認識だったのではないだろうか。

仮に本当に清盛が残虐であるならば、やはり頼朝を殺すはずだ。しかし、平治の乱ののち、頼朝は処刑されずに、伊豆国に流されることとなった。清盛は頼朝一人を生かしておいたがために、その弟たちもみな殺すことはなかったのである。そのような人間が、残酷だったとは私は思わない。

当たり前のことであるが、清盛は生まれも育ちもよい、いわゆる「いいところのお坊ちゃん」なのである。父・忠盛《ただもり》も、祖父・正盛《まさもり》も、国司を歴任した非常に裕福な武士であった。おそらく、そのような生まれ育ちの人間が、そこまで残虐な行いをするとは考え難い。

また、当時、朝廷の貴族たちのなかでは、頼朝の父・源義朝《よしとも》よりも清盛のほうが、圧倒的に人気があったのだ。貴族たちは、暴力を武力としてコントロールできる人間を好み、ただ暴力をそのままにしか扱えない粗暴な人間をひどく嫌ったのである。

この意味では、源義朝にしろ、その父・源為義《ためよし》、あるいは弟の源義賢《よしかた》（木曽義仲の父）も、自らの力をコントロールすることができず、貴族からは嫌われ、大した役職にもつけずに、源氏は出世の道を絶たれてしまっていたのである。

こうして朝廷からの評価も高かった平清盛は、武家の棟梁すなわち軍事部門のリーダーとして、天皇を支えた。ところが、その清盛が、治承三（一一七九）年のクーデターで、後白河上皇を幽閉、その政治生命を絶ったのである。ここに至っては、清盛は、先に述べた権門体制論の図式から大きくはみ出し、上皇や天皇の権限を侵したことになった。やがて、こうした清盛の行動に対して、挙兵する者も出てくることになる。

北条政子を大切にしたのは、関東の武士の信頼を得るため

源頼朝は恐妻家だったかどうか。先に述べた通り、歴史学には人の心のなかのことまではわからない。だが、源頼朝の挙兵を考えると、そもそも北条政子を正室とすること自体、非常に計算されたものだったことがわかってくる。

治承四（一一八〇）年八月十七日に挙兵した頼朝は、伊豆国を手中に収めたのち、相模国《さがみのくに》へ向かったが、石橋山の戦いに敗れ、海路で房総半島に落ち延びた。すると、安房国《あわ》、上総国《かずさ》、下総国《しもうさ》といった房総半島の武士たちが、次々に頼朝に臣従を申し出て、軍勢は一気に膨れ上がることとなる。

ここにきて、関東の武士たちは権門体制論のような、朝廷の下に置かれた武士と

いう立場からの脱却を目指すようになってきたのである。清和源氏の流れである頼朝は、いわば天皇の子孫である「貴種」だ。彼が京から流れ、関東で挙兵したとなれば、まさに頼朝は一種の御輿である。

おそらく、頼朝自身がそれをよくわかっていた。だからこそ、彼は京都へ決して近づかなかったのである。都の華やかな生活に心を奪われ、上洛を繰り返せば、関東の武士からはその存在意義が疑われることになる、というわけだ。

ここに、北条政子がより存在感を持つこととなる。頼朝は政子を正室として、決して捨てることはなかった。それは頼朝が恐妻家だったからではなく、政子は京都から遠く離れた「地元」の女性の代表のような存在だったからなのだ。関東の武士たちにとっては、ほとんど自分の娘たちの代表、ということになる。

仮に政子を軽んじて、都から美しい貴族の女性を連れてこようものなら、関東の武士たちは頼朝に疑念を抱いたことだろう。政子と固く結ばれていることが、自らの地位を安泰にするものと熟知していたからこそ、頼朝は妻を大切にしたのである。

この意味では、頼朝は恐妻家ではない、ということになるだろう。

井沢元彦が検証する　源平合戦に関する定説

源平合戦の陰に、院の存在

ここでは源平の争いの中心となった平清盛と源頼朝について述べていきたいと思うが、その前に源平合戦の陰の存在ともいうべき「院」の存在に触れておきたい。平安末期から天皇家が藤原氏に対抗するために考え出したシステムが「院政」である。特に第七二代白河天皇は、朝廷の権力を藤原氏が独占すると、幼少の堀川天皇に皇位を譲り、自らは上皇として「院政」を始めた。

院のメリットは、朝廷の関与を受けずに人材を登用できるところだ。つまり、藤原氏の下で才能があっても世に出られなかった人材も抜擢できる。

しかし、院には権威があっても武力がない。そこで院は武士集団を雇った。地方で土地を所有し、その土地の自警団として生まれた武士団は、豊富な財力と、貴族たちがケガレとして早々に手放してしまった武力を持っていた。そして院と武士が結びつき、台頭してきたのが「源氏」と「平家」という武士の二大勢力である。

しかし院政の下、カネと武力で実権を握った平清盛が行ったのは、藤原氏とまったく同じやり方だった。つまり娘を天皇に嫁がせ、生まれた皇子を天皇にして外戚として力を握る。それを看過できなかった後白河上皇は、平氏に不満を抱く武士に加勢、平治の乱で敗れた源義朝の遺児、頼朝を支持し、平氏を滅亡に追い込んだのである。

平清盛は残虐どころか「詰めの甘い男」だった

かつて徳川家康《とくがわいえやす》は大坂の陣の際、孫娘の千姫《せんひめ》から嘆願されている。

「どうか、豊臣秀頼《とよとみひでより》の命を助けてほしい」

豊臣方の砦であった大坂城のあちこちから火の手が上がり、いよいよ豊臣家の命運が風前の灯火となった時のことである。このような時に大坂城から脱出した千姫は、自分の夫である秀頼の助命を申し入れたのだ。秀頼は家康が殲滅《せんめつ》しようとしていた豊臣家の主。こともあろうに、そんな敵方の当主である秀頼を殺さないでほしいと頼んだわけである。

これは、豊臣方の大野治長《おおのはるなが》の指図によるものだった。敵兵ですっかり取り囲まれた大坂城から無事に脱出することなど、家康の孫娘である千姫にしかできない。そこで治長は、秀頼と、その母である淀殿《よどどの》の助命を嘆願する使者として、千姫を家康のもとに送り込んだのである。

家康は、千姫との対面をことのほか喜んだ。徳川の世を盤石なものにするために、家康は孫娘ともども、大坂城の人間をことごとく殺そうと考えていたからだ。だから、千姫との再会は思いがけないものだったのである。

ところが、そんな孫娘の助命嘆願に、家康が耳を貸すことはなかった。ご存知の通り、秀頼と淀殿は炎に包まれたまま、大坂城とともにこの世から去った。

今日の常識から考えれば、家康の判断は非情に映るかもしれない。平和な今日の常識に照らし合わせずとも、たとえば、考えようによっては、秀頼と淀殿の命を奪わずに、どこか遠くの地に幽閉するなどして極限まで豊臣家の力を削ぐことだって十分に可能だったはずである。なぜ家康はここまで頑なに秀頼と淀殿の命を奪うことに固執したのだろうか。

その秘密は、家康が愛読していた『吾妻鏡《あずまかがみ》』にある。

『吾妻鏡』とは、言わずとしれた鎌倉幕府による公式な歴史書だ。ここには幕府の成立から執権政治の始まりなどが書かれている。特に、幕府成立にいたるまでのなかで避けて通れないのは、平氏の滅亡と言っても過言ではない。

鎌倉幕府の初代将軍となった源頼朝が平氏を滅亡に追いやったのはまぎれもない史実であるが、そもそも彼はなぜ平氏を討つことができたのだろうか。

時は一一六〇（平治二）年にまで遡る。前年に勃発した平治の乱で平清盛に敗れた頼朝の父である源義朝は、東国へと敗走。しかし、その途上で頼朝ははぐれてしまい、挙句の果てに平氏に捕らわれてしまう。

敵の当主の息子である。当時の世の習いを思えば、頼朝は斬首されて当然であった。ところが、頼朝の首がはねられることはなかった。なぜか。清盛の義母である池禅尼《いけのぜんに》の助命嘆願があったから、といわれている。こうして頼朝は一命を取り留め、監視付きで伊豆国に流罪となった。ちなみに、父の義朝は落ち延びていく途中で家臣の裏切りによって殺されている。

頼朝の弟である源義経もまた同様である。当時、義経はまだ生後間もなかったが、やはり清盛の手の者に捕まっている。しかし、義経の命も奪われることはなかった。将来、出家することを条件として、京都の鞍馬寺《くらまでら》に預けられたのである。この時は、清盛が、義経の母である常盤御前《ときわごぜん》のあまりの美しさに目がくらんだから、といわれている。義経の命はどうか助けてほしいという常盤御前の願いに、清盛が同意したわけだ。

後に平氏を滅ぼすことになる二人のキーパーソンをみすみす見逃し（しかも女性の嘆願によって）、殺さずに野に放ったのは、「詰めの甘い男」との酷評を招くことになるわけだが、この一事からもわかるように、平清盛という男が残虐だった、とする説は実に疑わしい。

仮に清盛が残虐な男だったとして、頼朝を伊豆に流した後にこっそり殺してしまうということもできたはずだ。しかし、清盛はしなかった。「詰めが甘い」清盛は、おそらく義母のしつこい嘆願を受け入れた後、「このような小倅《こせがれ》に何もできるはずがない」と思い直したのだろう。

その約二〇年後、命を救ってやったはずの頼朝が挙兵し、平氏は没落の一途を辿ることになる。頼朝の挙兵を知ってまもなく、清盛は病死することになるが、その最期の言葉は、「頼朝の首を必ずわしの墓前に供えよ」というものだったらしい。家康が秀頼の命を奪うことに固執したのは、こうした歴史を知っていたからである。

源頼朝は恐妻家だった⁉

さて、そんな源頼朝に付随する噂が、妻の北条政子に頭が上がらなかったのではないか、とする説である。

確かに頼朝には政子を尊重している節がいくつも見られる。頼朝は政子とその後ろにいる北条一族の力を借りなければ、決してのし上がることのできない立場であったから、考えてみれば当然である。

意外に思われるかもしれないが、当時の世の中というのは、地方に行けば行くほど一夫一婦制が根付いていた。例えば、土地というものは一族の長男しか受け継ぐことができなかった。だから、地位が下級であればあるほど、何人も側室を持つなどということは無用な争いの種となるから、避ける傾向にあった。

頼朝の父である義朝は艶福家《えんぷくか》、つまり俗にいう「女にモテるタイプ」であった。頼朝の母は尾張国《おわりのくに》(現在の愛知県)の熱田神宮大宮司の娘であったし、義経の母は京都の人。長男の義平《よしひら》は相模国《さがみのくに》(現在の神奈川県)の三浦《みうら》氏の娘に産ませた子供である。これらから、義朝は宿場ごとに女性がいたということがうかがえる。

この時代の武士というのは、自分の領地と京都とを往復していたから、そういうなかで宿場ごとに女を作ることは決して難しいことではないし、珍しいことでもなかった。そんな父を間近に見てきた頼朝が、同じ振る舞いをしようとしたとしても不思議ではない。しかし、そんなことをしたら、政子からこう言われるだろう。「あなた、誰のおかげでここまでのし上がってこられたと思っているの?」

それでは、天下の将軍となる頼朝を恐妻家として震え上がらせるほど、政子が嫉妬深い女性だったのかというと、実はそうではないと考えている。彼女からすれば、感覚として一夫一婦制が身に付いており、さらに頼朝は何の力もなく、現在でいえば婿養子のような存在である。そんな夫が、中央のきらびやかな武士たち同様に外に女を作るなどということにうつつを抜かすようであれば、多少の文句を言ったことはあっただろう。ただし、それがすなわち嫉妬深いということになるだろうか。

伊豆に流罪となっていた頼朝にとって、手足となる人間はほとんどいなかったに等しい。天下を目指すには、まず人がいなければならない。そのために暗躍したのが、他でもない北条一族であった。

北条氏というのは実に賢い一族で、鎌倉幕府が開かれた後、実質的な権限を源氏から奪い取っているわけだが、いずれにせよ、こうした彼らの後ろ盾があったからこそ、頼朝は平氏滅亡、鎌倉幕府開幕という偉業を成し遂げることができた。そのことを考えれば、頼朝が政子を無下にするようなことはなかった、と考えるのが自然である。

検証6

承久の乱に関する「定説」

乱の目的は幕府の打倒？

承久の乱については、その概略が次のように書かれている。

「承久の乱は承久三（一二二一）年5～6月、後鳥羽上皇とその近親が鎌倉幕府打倒に挙兵した事件」（『日本史小辞典』山川出版社）

「後鳥羽上皇は、分散していた広大な天皇家領をまとめて手にいれ、強力な院政を行い、あらたに西面の武士をおいて軍事力も増強した。そして将軍実朝が甥の公暁に暗殺されたのを機会に、上皇中心の政治をもとめ、1221（承久3）年京都で幕府打倒の兵をあげた。」（『もういちど読む　山川日本史』）

●承久の乱に関する「定説・仮説」

定 権門体制論	世に日本という一つの国家があるという前提に立ち、天皇(王家)を頂点にして、公家、武家、寺社という複数の勢力が協調・補完的に国政を支配した国家体制のこと。
仮 東国国家論	権門体制論に対し、京都の天皇を中心とした政権(朝廷)に対して、鎌倉に将軍を中心とした政権(幕府)が並立するという説。
定 後鳥羽上皇「討幕」説	教科書などでも、後鳥羽上皇は「鎌倉幕府の打倒」を目的として乱を起こしたとする説が有力だが、当時はまだ「幕府」という概念はなかったのではないかとする説もある。
仮 承久の「変」説	皇国史観などに基づいた考え方で、皇族が起こした戦なので、反「乱」ではなく事「変」とする説。

定は教科書などに書かれた「定説」　仮は一部の研究者の説や一般論としての「仮説」

これらの参考書には、「鎌倉幕府打倒に挙兵」「幕府打倒の兵をあげた」とあり、後鳥羽《ごとば》上皇が執権・北条義時《よしとき》でなく「幕府」の打倒を目指したと解説されている。

上皇の目的は、果たして「討幕」だったのか、あるいは北条氏という一大豪族の討伐だったのか。そこが検証のポイントとなる。

権門体制論と東国国家論

承久の乱のあらましはこのようなものだった。

幕府との対立を深めた上皇は、軍勢を招集、北条義時追討の宣旨《せんじ》・院宣《いんぜん》を発し、京都守護伊賀光季《いがみつすえ》を攻撃、さらには親幕府の西園寺公経《さいおんじきんつね》を幽閉した。一方、幕府は北条政子や大江広元《おおえひろもと》が中心となって直ちに京都攻撃の軍を発し、朝廷側の主力軍を撃破、京都を占領した。

幕府は後鳥羽上皇とその子・土御門《つちみかど》上皇、順徳《じゅんとく》上皇らを配流する。そして後鳥羽上皇の兄である行助《ぎょうじょ》入道親王を後高倉院《ごたかくらいん》とし、その子・茂仁《ゆたひと》（後堀河《ごほりかわ》天皇）を皇位につけ、後高倉院の院政体制を敷き、朝廷改革を行った。

一方で乱の加担者を処罰し、没収した所領を恩賞として東国の御家人に与え、西国支配を強化した。

また幕府軍の総指揮官として上洛した北条泰時《やすとき》・時房《ときふさ》は六波羅探題《ろくはらたんだい》として京都に留まり、戦後処理と朝廷の監視などに当たった。

この乱により、総じて幕府の朝廷に対する優位が確立した。

ここでもう一つ検証のポイントとなるのが、中世のこの時期の日本の国家体制についてである。

そこで今、主流になっている考え方が、「権門体制論」というものだ。これは中世に日本という一つの国家があるという前提に立ち、天皇（王家）を頂点にして、公家、武家、寺社という複数の勢力が協調・補完的に国政を支配した国家体制のことを言う。

この考え方は、「中世に日本という一つの国家がある」ということが大前提である。しかし、天皇を中心とする京都の朝廷に対して、鎌倉に将軍を中心とした政権（幕府）が存立する。

両者はどちらが上というわけでもなく、二つの国家として並び立っていたという考えは成り立たないだろうか。このような考え方を「権門体制論」に対して「東国国家論」というが、その点についても検証してみたい。

さらにこの乱に関しては、そもそも「承久の乱」か「承久の変」かという議論も展開されている。大正時代には、「承久の変」という表記が多く使われるようになり、国定教科書でも「変」が採用された。これは皇国史観に基づき、上皇が起こしたのだから「反乱」ではないという思想からきている考え方である。

本郷和人が検証する 承久の乱に関する定説

権門体制論と東国国家論の論争

承久三（一二二一）年、後鳥羽上皇は鎌倉幕府の執権・北条義時追討の院宣を出し、倒幕をはかった。この争いがいわゆる承久の乱である。

義時の子・泰時らが京都へ攻め上がり、結果、後鳥羽上皇ら三人の上皇は配流となった、日本史上唯一、官軍が敗れた戦いと言えるだろう。

私の見立てでは、承久の乱とは、旧体制の復権を主張した後鳥羽上皇と、関東に独立した武家政権を打ち立て、新体制を主張した鎌倉幕府との戦いということになる。旧体制とはすなわち、前の検証で簡単に紹介した権門体制論、新体制とは東国国家論のことだ。

承久の乱を検証する前に、より詳細に権門体制論、東国国家論について見ていきたい。

先述したように、権門体制論とは、中世に日本という一つの国家があるという前提に立ち、天皇（王家）を頂点にして、貴族（公家）、武士（武家）、僧侶・神官（寺家・社家）という三つの勢力がこれを支える体制のことを言う。貴族は政治を、武士は軍事と治安維持を、僧侶・神官は祭祀祈祷を担い、それぞれの内部にある権門勢家を中心としてまとまっていた。権門勢家とは、権勢のある門閥・家柄のことであり、世襲原理で連なる。

この権門体制論は、大阪大学教授などを務めた黒田俊雄氏が一九六〇年代に提唱した説である。これに対して、私の師匠である東京大学教授の石井進先生は、「中世に明治以降の国民国家のようなものを安易に想定してもいいのか」と述べるにとどまり、それ以上の反論は行わなかった。

その後、石井先生の師匠である佐藤進一先生が、権門体制論に反論する形で、東国国家論を展開した。

東国国家論は、「中世に日本という一つの国家がある」という権門体制論の大前提に疑問を投げかける。京都の天皇を中心とした政権すなわち朝廷に対して、鎌倉に将軍を中心とした政権すなわち幕府が存立する。両者はどちらが上というわけでもなく、二つの国家として並び立っていた。

権門体制論では日本は一つの国家であり、武家は天皇を支える勢力の一つである。天皇が上であり、武士の長である将軍は下となる。

しかし、東国国家論では、国家は複数あり、天皇も将軍もそれぞれが王権を形成する権力者であると位置づけられる。そのため、天皇と将軍には上下関係はなく、横並びの関係にあると考えられる。

私自身は東国国家論を唱えているが、中世史研究者のおよそ八割くらいが、権門体制論を支持していると言ってもよい。先の検証でも述べた通り、平氏政権を考えたときには、天皇に仕えて全国の武士をまとめあげた平氏の棟梁という姿は、権門体制論の図式で説明しやすいのである。

だが、これは私の仮説だが、源平の争乱を経ることで、関東の武士たちは京都の天皇を上に抱く権門体制論的な体制ではなく、関東に武士の、武士による、武士のための政権を樹立することを目指した。実際に源頼朝も、上洛して京都にとどまるのではなく、関東の鎌倉で新しい政権を作ろうと決意したのである。

頼朝と関東の武士たちは、一対一で主従関係を結んだ。御家人となった武士は、頼朝のために命を投げ出し、戦場で戦い（奉公）、頼朝はその褒賞として土地の所有や支配を認めたり、新たな土地や職を与えたりした（御恩）。

こうして御家人としての強い仲間意識を有した関東の武士たちは、京都の天皇や貴族に従属する立場から、自立していくこととなったのである。

「北条義時を討て」は「幕府を倒せ」という意味

承久の乱に話を戻すと、後鳥羽上皇は、武家が王家に仕えるしくみ、すなわち権門体制論的な体制に復帰することを、鎌倉幕府に要求したことになる。

たとえば、後鳥羽上皇は承久の乱に先立って、鎌倉幕府の第三代将軍・源実朝《さねとも》を取り込むためにさまざまな働きかけを行っていた。源仲章《なかあきら》派遣（実朝の学問の師とした）や、和歌を好む実朝に藤原定家《ていか》による添削を実施、また、後鳥羽上皇の母親の出身である坊門《ぼうもん》家の信子を実朝の妻とするなど、実朝への厚遇を重ねた。

これに危機感を募らせた鎌倉の武士たちは、建保七（一二一九）年、実朝を暗殺してしまう。

取り込みがうまくいっていた実朝の死に、いよいよ後鳥羽上皇は倒幕の意思を固めたのだ。こうして先に述べたように、実朝の死後、鎌倉幕府の実権を握る、北条政子の弟・北条義時を討てと宣言するに至ったのである。

後鳥羽上皇は全国の武士に当てて「北条義時を討て」と記した文書を送っている。最近の研究者のなかには、「北条義時を討てと書いてあるだけで、鎌倉幕府を滅ぼすつもりなどなかった」と解釈する者もいる。しかし、これは端的に間違いである。

そもそも、当時、「幕府」という言葉は使われていなかったのだ。「幕府」という言葉が用いられるのは明治時代以降のことで、江戸時代ですら幕府にあたる政権を「柳営《りゅうえい》」と呼んでいた。だから、「幕府を倒せ」という表現はそもそも使われないのだ。

承久の乱の時点でいうならば、「幕府」とは、北条義時とその仲間たち、ということになるだろう。「北条義時を討て」というのはそのまま、「鎌倉幕府を倒せ」という意味に他ならない。

その後、武士たちによって京都を制圧された後鳥羽上皇は、「今後、朝廷は一切の軍事力を持たない」と院宣を発することとなる。実際に、承久の乱の後、朝廷は幕末時代に官軍が作られるまで、軍事力を持つことはなかった。

こうして後鳥羽上皇は隠岐島《おきのしま》に、第一皇子・土御門上皇は土佐国に、第三皇子・順徳上皇は佐渡島に配流となり、武士が武力で天皇を退位させるという形で、幕を閉じることとなる。

私は、承久の乱により権門体制は完全に潰えたと考えている。それは東国国家論の成就、すなわち関東の独立が成立したのである。

井沢元彦が検証する　承久の乱に関する定説

「承久の乱」は「承久の変」と呼ばれていた

日本史を眺めていると、「〜の乱」「〜の変」という言葉が出てくる。「応仁《おうにん》の乱」や「本能寺《ほんのうじ》の変」といったものが代表的なものであるが、この「乱」と「変」の違いは何か、ご存知だろうか。

実は、ここで取り上げる「承久の乱」も、かつては「承久の変」と称されていた。皇国史観、すなわち、この国を天皇家が直接治めるのが絶対的に正しい形であるとする考え方では、後鳥羽上皇が幕府側に仕掛けた戦いは「乱」ではない。どういうことかというと、「乱」とは動乱を意味する。あるいは、反乱と解される。すなわち、下級の者が上級の者に仕掛ける反抗だ。このことから、「承久の乱」としてしまうと、後鳥羽上皇は鎌倉幕府よりも下位の存在となってしまう。そのために、「承久の変」

と呼ばれていたのだ。

一方、「変」とは変事、あるいは災難の意味だ。そうすると、承久の変は「後鳥羽上皇の起こした災難」ということになる。

ところが、この承久の乱は、単なる災難で済まされる規模のものではない。最終的にこの戦いは、後鳥羽上皇が隠岐に島流しになるという結末を迎える。これは日本最大の内乱であると位置づけてもいいほどの「動乱」なのである。

これほどの大きな変化をもたらした戦争として、我々が想起するものの一つとして挙げられるのは、関ヶ原の戦いである。「天下分け目の決戦」と呼ばれ、東西の武士が二〇万近くも集まって繰り広げられた戦いだ。これは、徳川家康が勝とうが、石田三成《いしだみつなり》が勝とうが、どちらが勝とうが、武士による天下という現実は揺るがなかった。

また、後に天武天皇となる大海人皇子と大友皇子が争った壬申の乱も、天下を左右するほどの戦いだったが、こちらもいずれが勝っても天皇家の支配する天下が動くことはない。

それに比べ、承久の乱は東国に基礎を置く幕府と、西国中心に勢力を持つ朝廷との一大決戦だったといえる。もし幕府が勝てば、その権力は一気に西国をも呑み込み、武家政治が確立することになる。一方、朝廷が勝てば、幕府は解体され、両者が保っていたパワーバランスが崩れ、武家は朝廷の勢力下の存在となる。どちらに転んでも、などという生易しい対立ではなかったのである。

上皇が倒そうとしたのは、鎌倉幕府か北条義時か

承久の乱の起こりは、後鳥羽上皇が北条義時に対する追討の院宣を出したことに端を発する。西国の武士たちに北条義時を追討すべし、と命令を発していることから、後鳥羽上皇の狙いが鎌倉幕府を滅ぼすことにあったのか、それとも純粋に北条義時を倒すことにあったのか、どちらだったのか、という疑念が生じることになる。

承久の乱を語る際に、ついつい「討幕」という言葉を使いがちだが、当時の人々に「幕府」という意識があったのか、そもそも疑問があるのは間違いない。

ただ、後鳥羽上皇の時代は、源頼朝を初代とする、頼家、実朝という三代の鎌倉幕府の将軍が亡くなり、将軍家としての源氏の血が途絶えた時である。東国の武士たちは、彼ら将軍の下に付き従うという概念はすでに存在していた。後鳥羽上皇が決起したのは、三代将軍実朝が死んだことを契機としているのは間違いのないことで、つまりは言葉や意識として「幕府」というものがなかったとしても、東国の武士を束ねる幕府という概念はあったと考えられる。だから、当時の鎌倉幕府の代表者である北条義時の追討となったということではないだろうか。

さて、では当時の朝廷と幕府との関係性はどうだったのか。

ここに権門体制論と東国国家論を検証する必要性が出てくる。権門体制論とは、天皇を頂点として、公家、武家、寺社がそれぞれ相互補完の構造をなしていたとする説である。一方、東国国家論とは、幕府が朝廷の機能を奪い取り、勢力を増していったために、西国を中心とした朝廷と東国を勢力下においた幕府との間に軋轢《あつれき》が生じていたとする説である。

当時の関係性を見るに、どちらかというと後者のほうが色合いが強いのではないかと思っているが、いずれにせよ、言霊信仰のもと歌ばかり詠んで政治をしたつもりになっていた朝廷と一線を画するために誕生した政治体制が鎌倉幕府であることは間違いない。歌を詠み、歌集を編むことで政治をしたつもりになっていた朝廷に対し、徹底したリアリズムを旨とする体制が幕府である。

承久の乱が勃発した当時、幕府は三代続いた源氏の直系が途絶えていたことは先述した。三代将軍の実朝は、頼朝・頼家と違って、朝廷との関係性を対立ではなく、むしろ接近する素振りを見せていた。和歌をたしなみ、蹴鞠《けまり》にいそしむ実朝は、後鳥羽上皇からすれば、ようやく幕府に誕生した御しやすい将軍と映っていたかもしれない。しかし、その一方で実朝の政権が確立していくことは、武家たちの間に「結局、幕府は朝廷の庇護下に収斂《しゅうれん》していくのではないか」との疑心を生んだ。

ようやく誕生した武家政権を、朝廷の意のままにしてよいわけがない。そう考えた武家の取った行動が、実朝の暗殺であった。実朝は、鶴岡八幡宮《つるがおかはちまんぐう》で殺されている。鶴岡八幡宮とは、頼朝が源氏の氏神である八幡宮を、京都の石清水《いわしみず》八幡宮から勧請したものだ。鎌倉で最大の建造物であり、鎌倉と京の「協調」を示す神殿でもあっ

源実朝が暗殺された鶴岡八幡宮

た。そんな場所で、鎌倉幕府の将軍が暗殺された意味は重い。つまり、東国の鎌倉武士団は、朝廷との接近を断固拒否するという意思表示をしたのである。

折しも、実朝が鶴岡八幡宮に滞在していたのは、右大臣を拝命した、その就任の式典のためであった。つまり、公家からの参列者もいた。そんな人々の前で、実朝は殺されたのである。これはいわば、朝廷に対する見せしめであり、脅しであった。そこに込めたメッセージは、「幕府を支配しようなどと考えるな。もしそんなことを考えれば、こうなるぞ」といったものであろう。

おそらく、遠隔で幕府を操作しようとしていた後鳥羽上皇の目論見は、これで頓挫した。一方、幕府側も源氏の血が途絶えたことで、神輿《みこし》に担ぐべき人間がいなくなった。幕府の実力者である北条義時が次の将軍になるという目もあったが、いかに才覚があったとはいえ、家格からいえば他の御家人と大差のない人物であった。つまり、身分的に他を圧倒するほどの力は持っておらず、何らかの手段で将軍の座に就いてしまうことは、政権維持を考えるとかえって危険であった。そこで幕府は京都に軍勢を派遣し、将軍の派遣を依頼した。依頼というより強要といっていい。何しろ、軍事的圧力をかけて依頼したのだから。

これに後鳥羽上皇は激怒した。実朝暗殺から約二年後、後鳥羽上皇は北条義時追討の院宣を下し、西国の武士に檄を飛ばした。これで、鎌倉幕府は朝敵となったのである。御家人の間に動揺が走ったのは当然のことである。

ところが、その窮地を救ったのは、頼朝の未亡人である北条政子だった。彼女は御家人たちの前で「頼朝から受けた恩義は山より高く海よりも深いはずだ」と演説して、鎌倉幕府以前に戻ることだけは絶対に避けなければならないと説いた。これに熱狂した御家人たちは、朝廷と対峙することを選んだのである。

ここで注意すべきは、後鳥羽上皇が追討の院宣を下したのはあくまで北条義時だということである。幕府全体ではない。これは、武士団の結束を崩すための後鳥羽上皇の作戦だと考えている。基本的に兵力をもたない朝廷側の打ち出した心理戦だったのではないだろうか。何も義時と運命を共にすることはない。上皇は幕府ではなく、義時を排除したいのだ、と御家人たちを揺さぶったのだ。

この戦いは、幕府が一見無謀とも思える先制攻撃を仕掛けたことで、若干の苦戦は強いられたものの、幕府軍の圧勝に終わった。後鳥羽上皇は院宣を取り消して身の安全を図ったが、幕府は後高倉院を治天の君に擁立することで後鳥羽上皇を島流しにした。

武家政権の意思によって上皇が配流されるということは、史上初のことであり、一種の革命であった。つまり、承久の乱はやはり「乱」であり、「変」ではないということなのである。

検証7

南北朝の内乱・正閏論に関する「定説」

六〇年にわたる内乱の評価

南北朝の内乱は、一四世紀に朝廷が南北に分かれ、再び統一されるまでの間に行われた乱の総称だ。

具体的には、元弘一＝元徳三（一三三一）年に行われた後醍醐《ごだいご》天皇のクーデターともいうべき元弘《げんこう》の乱から、鎌倉幕府の滅亡、建武《けんむ》の新政の成立と崩壊、楠木正成《くすのきまさしげ》や名和長年《なわながとし》ら南朝有力武将の相次ぐ戦死を経て、両朝分裂に至る時期をも含める。その後も北朝方の足利幕府の内乱に乗じて南朝が京を奪還するなどの争乱は続いた。そして、足利幕府第三代将軍足利義満《あしかがよしみつ》によって南北朝の合一が実現するまで、内乱は六〇年にわたって続いた。さらに厳密にいえば、南北朝の講和に当たって決められた条件が履行されず、不満を持った後南朝による散発的な蜂起が以後数十年

●南北朝の内乱に関する「定説・仮説」

定 南北朝正閏論	南朝と北朝のどちらが正統かという論議（詳しくは本文参照）。こういう議論があること自体は「定説」となっている。
仮 南朝正統論	『神皇正統記』などに記された南朝の正統性を主張する論議が江戸時代の朱子学などと融合し、第二次世界大戦頃までは日本の学校教育でもこの論が支持されていた。
仮 後醍醐天皇独裁君主説	後醍醐天皇は中国の皇帝のやり方を真似た独裁者・専制君主であったという考え方。佐藤進一氏らが提唱。
定 楠木正成「悪党」説	「悪党」とは文字通りの意味ではなく、経済力と武力を背景に、幕府や荘園領主などの旧体制に反抗した新興勢力のこととして教科書にも紹介されている。

定は教科書などに書かれた「定説」　仮は一部の研究者の説や一般論としての「仮説」

にわたって続いた。この内乱によって、室町幕府の守護体制が成立した一方で、天皇の政治的実権は失われるなど、日本史上の大きな転換点となった。

また、南北朝が統一した後も、北朝と南朝のどちらが正統かという「南北朝正閏論《せいじゅんろん》」が戦わされ、江戸時代には朱子学の影響を受けて論争が激化、近代の歴史教育にも大きな影響を与えた。

ここではこの南北朝正閏論の定説を手始めに、後醍醐天皇と建武の新政についての評価、さらには楠木正成など南北朝の内乱に登場する人物についての「定説」を検証していく。

井沢元彦が検証する　南北朝に関する定説

もはや異論のない北朝の正統性

朝廷が京都の北朝と奈良の南朝とに分かれてしまった。南北朝の問題とは、二つの権威が同時に存在するという異常事態が引き起こしたものである。

こうした状況下にあって、たとえば、ある大名家で現在の体制に不満な者が、もう一つの権威に結びつこうと考えるのは当然だ。室町幕府開幕の初期は、こうした争いが絶えることがなかった。ところが、室町幕府三代将軍・足利義満の登場によって徐々に沈静化していく。なぜかというと、義満自身の努力により、幕府の権威と権力が高まったからである。それと軌を一にするように、南朝は衰え始める。

二つに分かれてしまったとはいえ、北朝の正統性は疑いようがない。

北朝に正統性があることを疑う向きもあるが、そもそも足利義満が正式に南朝の後亀山《ごかめやま》天皇から北朝の後小松《ごこまつ》天皇に位を譲らせた時点で、北朝に正統性があることは誰の目から見ても明らかだし、系図もそのようになっている。要するに、正式な天皇である後醍醐天皇が南朝に移り、その子孫が北朝を認めるという経路を辿っており、その意味で北朝は正統だという理屈である。つまり、北朝に正統性が戻ってきたという考え方だ。今日の天皇家も北朝の流れを汲んでいる。

なお、足利氏が立てた天皇は、北朝一代、二代、という数え方が系図上でもされており、歴代天皇の流れのなかではカウントされていない。

南朝の正統性を訴える、いくつかの根拠

では、なぜ南朝が正統であるとする説がいまだに根強く生き残っているのか。

南朝最後の天皇・後亀山天皇は、その前の長慶《ちょうけい》天皇、あるいは後村上《ごむらかみ》天皇、後醍醐天皇と遡ると、正式な天皇（後醍醐天皇）から任命されていることが、正統性の根拠であるというのが、南朝正統説を唱える人の主張だ。

南朝が置かれた吉野山

そもそも後醍醐天皇は正式な天皇である。これに疑問を差し挟む余地はない。だから、後醍醐天皇が認めない限り、天皇ではあり得ない。この論理からすると、足利氏の立てた北朝の天皇のほうが傀儡であるとなる。これは一種の形式論理だが、それは成り立たないわけではない。

さらに言うと、南朝側が皇位の象徴である三種の神器を所持しているということも理由としては大きい。こうした三種の神器の所在を根拠として南朝の正統性を謳うのが、北畠親房《きたばたけちかふさ》が著した『神皇正統記《じんのうしょうとうき》』や、徳川光圀《とくがわみつくに》が編纂した『大日本史』などである。

そうであるならば、たとえば神器を奪い取ってしまえば、そちらが正統ということになるのかというと、それほど単純な話ではない。そのような行為があっては、正統性は担保されないからである。なお、三種の神器は今も宮中にあるが、同時にヤマトタケルが持っていた草薙《くさなぎ》の剣は熱田神宮に祀られている。おそらく神器というものは何セットかあったのではないだろうか。いずれにせよ、南朝の後亀山天皇から北朝の後小松天皇に譲国の儀式をもって三種の神器が譲られたことは確かだ。三種の神器を受けたということは、正統な後継者として認められた証となる。

この、複雑に入り組んだ対立を見事にまとめあげたのが、先述した室町幕府三代将軍の足利義満だったのである。

後醍醐天皇は独裁者だったのか

そもそも足利氏の立てた朝廷だけに、北朝は幕府の強い影響下にあった。つまり、この南北朝の問題を解決するにあたっては、南朝が折れればいい。ただそれだけの話であるが、それが実に難しい問題であった。

南朝の要求は、要は北朝の廃止である。自分たちの正統性を打ち出すためには、それしかなかった。ところが、それを認めてしまうと、北朝を立てた幕府も廃止せよと言い出しかねない。だから、誰も手を出すことができなかった。この難題に足を突っ込んだのが、義満だったのである。

義満が南朝側に提案したのは、こうだ。

「後醍醐天皇までの時代は、二つの系統が交代で皇位に就いていた。そこへ戻せばいい」

こうすることで、北朝を廃止することなく、南北の朝廷が合体できると考えたのである。

勢いの衰えていた南朝側が、この提案を受け入れたのは自然な流れだったといえる。当時、義満によって幕府の権威はますます高まっており、そのことによって幕府の支持する北朝も力を増していたからだ。このままではジリ貧になる。南朝側がそう考えたのは想像に難くない。

しかし、南朝にとってのハードルは、後醍醐天皇の遺言だ。後醍醐天皇は、もし自分が死んでも魂は京都の奪還を望んでいる、といったような内容の遺言を残していたのだ。

後醍醐天皇はなぜここまで北朝への対抗意識に燃えていたのか。それは、この国のケガレを象徴する武士どもに好き勝手にさせないという「公憤」と、自分と自身の子孫で皇位を独占したいという「私利私欲」によるものだ。それは鎌倉幕府打倒に立ち上がった動機でもあった。

ところが、後醍醐天皇の立ち上げた新政は武士たちの不満を募らせたばかりか、味方であるべき公家にも見放されることにもなった。半ば自暴自棄となった後醍醐天皇は、「これまでの土地所有権は一切白紙に戻す」というとんでもない命令を発するに至った。あくまで天皇の味方であろうとした足利尊氏《たかうじ》は、これで後醍醐天皇を見限った。もし後醍醐天皇が幕府の開幕を認め、政治の一切を尊氏に任せていたならば、すべてが丸く収まっていたに違いない。しかし、後醍醐天皇は自らの手で政治をなすという野心から離れることができなかった。自らの独裁という野望を捨てることができなかったのである。こうした後醍醐天皇の態度が少なくない武士たちを目覚めさせ、「武士の利益を守る政府」である幕府の復活を目指す尊氏を支持させたのだった。

北朝を滅ぼそうとした楠木正成が讃えられるのはなぜか

さて、今日の天皇家が北朝であることから、南朝の正統説があり得ないことはすでに見てきた。そうすると、実に不可解なことがある。それは、楠木正成の存在である。

彼は、北朝を滅ぼそうとしていた人間である。天才的な軍略家であり、あくまで後醍醐天皇に付き従ってきた人物だ。彼の評価は時代によってさまざまに分かれる。たとえば、室町時代においては、武士の身分でありながら、天皇側についた裏切り者として、武士世界から酷評された。ところが、江戸時代になると、忠義の厚い武士として尊敬の対象となっている。

戦前は日本最大の英雄であり、最も尊敬すべき人物として持ち上げられていたが、戦後になると一変して軍国主義の象徴として批判されることとなる。

そんな人物の銅像が、皇居前広場に「忠臣」として建っている。

もし通常の国家であれば、北朝と南朝という対立した陣営がある時、一方の北朝が正統であるとなったら、一方の南朝側のものはことごとく抹殺するものだ。現在の天皇家が北朝の子孫である以上、南朝の陣営として粉骨砕身してきた楠木正成が英雄視されるようなことがあってはならない。

それがなぜ、忠臣として讃えられるようになったのか。そこには日本人独特のメンタリティつまり怨霊信仰が関わっているとしか思えない。

どちらの陣営で戦っていたにせよ、正統な天皇である後醍醐天皇を守ってきたことに変わりはない。皇居前広場に鎮座する正成の像は、そういう観点から、彼の霊魂が善神と化して北朝の天皇家を守っている。そんなふうに考えられているのではないだろうか。

本郷和人が検証する　南北朝に関する定説

明治時代に問題となった天皇の正統性

京都と吉野にそれぞれ天皇がおり、北朝と南朝でその正統性が争われたが、そもそも現代の今上《きんじょう》天皇家は北朝であるように、北朝が正統であることは、歴史学者にとっては当たり前のことである。検証の余地はないと言えるだろう。

中世にあっては、「南朝と北朝のどちらが正統であるか」などと朝廷や天皇も考えることがなかった。それほどに疑う余地はなかった、ということである。

そのため、南朝が正統である、と考える人間はほとんどいなかった。その数少ない人間のうちの一人が、「水戸黄門」で有名な水戸光圀《みとみつくに》である。光圀は勤皇家《きんのうか》の印象が強い。息子に対しては「もしも徳川宗家と天皇が争うことがあれば、わが水戸徳川家は親戚といえども、将軍に従ってはならない。天皇の臣下であるから天皇のお味方をするように」とも言ったと伝わる。

私の学生時代の先生である近世史の尾藤正英先生は、光圀は「今の天皇は偽物であり、南朝の後醍醐天皇の皇統こそ正統である」と言いたかったのではないか、と論じている。勤皇家で知られる光圀は、むしろ「現在の朝廷は偽で、将軍が治める世の中なのだ」と強く主張していたことになる。これが水戸学の当初の姿であるというのが、尾藤先生の指摘である。

このような水戸学はその後、後期になると「将軍の上に天皇がいる」という国家観、すなわち国体論が出現してくる。とりわけこれを論じた藤田幽谷《ゆうこく》の弟子・会沢《あいざわ》正志斎《せいしさい》は、明治の元勲たちに強い影響を与え、明治新政府は、水戸学の史観に基づいて、「南朝の天皇こそが正統である」とした。しかし、そうなると、実際の明治天皇は北朝であることから、矛盾が生じることになる。

これを鋭く突いたのが、明治末期の一九一〇年に起こった大逆事件で捕まった幸《こう》徳秋水《とくしゅうすい》の発言であると言われている。秋水は裁判の際に「今の天皇は北朝の子孫である。しかし、明治政府は南朝こそが正統だと言っているわけだから、明治天皇は偽物だ。殺して何が悪い」と主張したというのだ。実際に秋水がそのような発言をしたかどうかは定かではないが、当時の新聞で大きく報道されている。

これを聞いた大ボス・山県有朋《やまがたありとも》が慌てふためき、「天皇の正統性の問題をどうにかしろ」と政府に駆け込んだ、という逸話も残っている。

北畠親房『神皇正統記』が語る天皇の正統性

ひとまず、南北朝の両立に至る経緯を一度、見ていこう。

鎌倉時代末期、後醍醐天皇は正中元（一三二四）年と元弘元（一三三一）年の二回にわたって倒幕を試みた。ところが、元弘の変の際には、近臣の吉田定房《さだふさ》が鎌倉幕府へ密告したために、倒幕計画が未然に発覚し、後醍醐天皇は隠岐島へと流されてしまう。

だが、不屈の闘志を持ち続けた後醍醐天皇は、元弘三（一三三三）年に、隠岐島から脱出し船上山で挙兵。鎌倉幕府は足利高氏《たかうじ》（後の尊氏）に後醍醐天皇の捕縛を命ずるが、高氏は後醍醐天皇に味方し、全国の武士が呼応して、結果、鎌倉幕府が滅びることとなる。

鎌倉幕府滅亡の翌月には、後醍醐天皇による建武政権が樹立。土地の所有権を白紙に戻し、綸旨《りんじ》（天皇の意思を伝える文書）によって安堵《あんど》するなど、武士を無視した政治を行い始めた。当然、全国の武士はこれに反発し、足利尊氏がこれに呼応して建武政権は倒される。

その後、尊氏は光明《こうみょう》天皇（持明院統《じみょういんとう》）を擁して北朝を、対する後醍醐天皇（大覚寺統《だいかくじとう》）は吉野に移り南朝として、それぞれの正統を主張し、二つの朝廷が並立し、対立する事態となったのである。

とりわけ南朝の正統性を強く主張したのが、『神皇正統記』を記した北畠親房だった。親房は「正しい三種の神器を持っている人物こそが本当の天皇である」と論じ、「本当の三種の神器を持っているのは南朝である。だから南朝が正統である」としたのである。

北畠親房は極めて優れた人物ではあるが、南朝が正しいと結論が先にあるタイプの人間だった。そもそも北畠家自体が、鎌倉時代から大覚寺統に忠節を尽くす家だったのである。その親房が書いた『神皇正統記』には、客観的に見ればかなりおかしな叙述がある。

鎌倉時代の皇統を見ていくと、まず後鳥羽上皇がいる。そして、後鳥羽上皇の第一皇子である土御門天皇、その弟で第三皇子である順徳天皇がおり、後鳥羽上皇は順徳天皇を自分の嫡流として認定していた。ところが、親房は土御門天皇の方が正統であると説いたのだ。その正統化の根拠は、儒教に求められた。すなわち、儒教では長兄を尊ぶ。兄弟では兄のほうが貴い。だから土御門天皇の方が正統であるというのだ。

ところが、大覚寺統と持明院統とに分裂した時点で、土御門天皇の子・後嵯峨《ごさが》上皇には二人の息子がいた。二人は同じ母から生まれていて、兄は後深草《ごふかくさ》天皇、弟は亀山天皇で、前者が北朝につながる持明院統、後者が南朝につながる大覚寺統である。もし先ほどの儒教に基づく論拠を採用するならば、兄が正統になるはずだ。そうなると正統なのは持明院統の北朝であると言わざるを得ない。だが、親房は、後嵯峨上皇が本当に愛したのは亀山天皇であるから、亀山が正統である、と述べており、自己矛盾をきたしている。

三種の神器と天皇の正統性

話を戻すと、親房は三種の神器に守られたのが、本当の天皇だと『神皇正統記』に記している。先に明治時代においても天皇の正統性について問題が生じたと述べ

●天皇系図

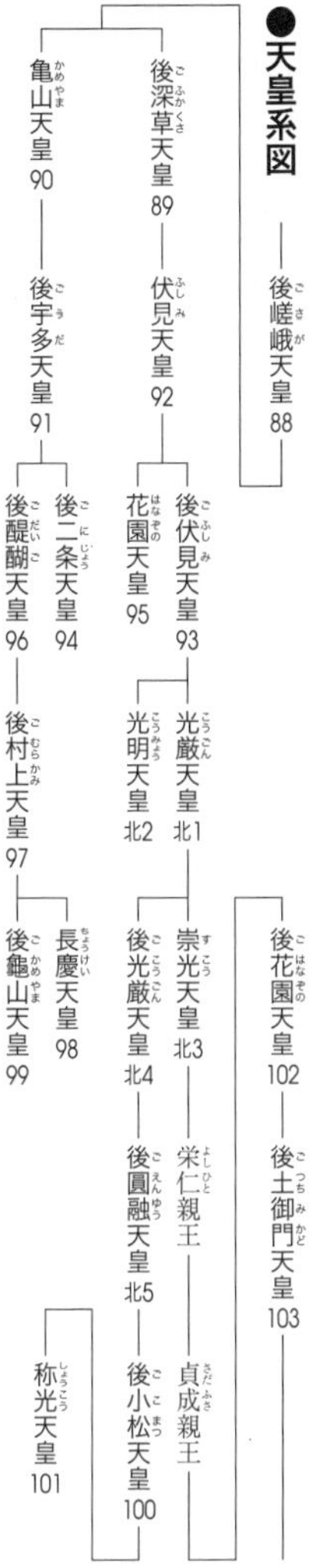

たが、当時の歴史研究者たちはこの三種の神器と天皇の正統性に関する『神皇正統記』の記述に着目した。

正しい三種の神器を持っている者が正しい天皇であるならば、後醍醐天皇がまさにそうであり、南朝の天皇は正しい三種の神器を持っていた。だから南朝が正統であり、明治政府が南朝を支持するのは間違いない、というわけだ。

しかし、そもそも壇ノ浦の戦いの折に、三種の神器のうち草薙剣だけは海中に沈み、そのまま見つからなかったのである。

後醍醐天皇もまた、剣が失われていることを意識していた。そのため、船上山で挙兵し、討幕を進める最中、出雲大社に「三種の神器の剣の代わりとなる手頃な宝剣があれば渡すように」と命令しているのである。

足利尊氏が京都を占拠したとき、恒良《つねなが》親王と新田《にった》義貞《よしさだ》は北陸へ落ちたのだが、このとき後醍醐天皇が三種の神器を持たせてやったという話もあれば、その後、北朝に降伏した後醍醐天皇がその証として、光明天皇に三種の神器を渡したという話もある。北陸に持ち出されているはずの三種の神器が、なぜかここにも存在するのである。

その後、京都で上皇として隠遁生活を送った後醍醐天皇だが、再び天皇として立つことを決意。京都から吉野へ逃れて、自らが正統な天皇であることを宣言する。ここでまたもや、その正統性を主張するために三種の神器が登場する。京都の三種の神器は偽物で、自分が持つ三種の神器こそが本物だというわけである。

いずれも軍記物『太平記』に書かれていることだが、これに素直に従うならば、三種の神器は、北陸にある一セット、後醍醐天皇から北朝に渡された一セット、そして吉野に持って行ったとされる一セットと、少なくとも合計三セット存在することになってしまう。

さらに時代が下って、後醍醐天皇の息子・後村上《ごむらかみ》天皇の頃、南朝軍が京都へ攻め入り、一時的に京都を占拠する事態に発展。すぐに足利尊氏の子息・足利義詮《よしあきら》の軍勢によって鎮圧されたが、このどさくさのなかで、南朝軍は北朝が所有する三種の神器を吉野へと持ち去ってしまった。

その後、一三九二年に南朝の後亀山天皇が京都へ赴き、北朝の後小松天皇に三種の神器を渡した。これ以降、北朝の後小松天皇がただ一人の天皇となった。

このときに北朝へと渡された三種の神器が、もともと南朝にあったものなのか、北朝から奪ったものなのかも定かではない。

以上のことを踏まえると、「正しい三種の神器を持っている者が本当の天皇である」という理屈には無理がある。むしろ、逆に「正しい天皇が持っている三種の神器こそ、本物の三種の神器だ」と考えるべきだろう。

「楠木正成は悪党である」という言葉の真意

南北朝時代と言えば、南朝を支持した武将のなかに、有名な楠木正成がいる。日本史のなかでも、私が最も好きな人物のうちの一人だ。

『太平記』によれば、千早城の戦いにおいて、一〇〇万の軍勢に包囲されながらも、正成らは一〇〇〇人足らずの軍勢で城を守ったとされている。関ヶ原の戦いですら東軍一〇万、西軍一〇万と言われているくらいだ。そもそも、この当時に一〇〇万

楠木正成像

もの軍勢が本当に集められるわけがないだろう。しばしば、良質な史料であっても軍勢の数はかなり誇張されているのである。

歴史人口学を研究されている経済学者の速《はや》水《み》融《あきら》先生は、過去の日本列島の人口の推移を緻密な計算のもとに算出されている。その研究によると、西暦六〇〇年頃には、日本列島には六〇〇万人ほどが住んでいたのだという。それから一〇〇〇年後の一六〇〇年。関ヶ原の戦いがあった年には人口は一二〇〇万人ほど。一〇〇〇年かけて、わずか2倍程度の伸び率なのである。日本列島中の総人口を考えると、一〇〇万の軍勢を集めるということがいかに無理な数字かがわかるだろう。

さて、改めて楠木正成に戻ると、彼はしばしば「悪党」と呼ばれる武士である。この「悪党」とは中世における言葉であり、現代のような「悪い奴」「悪人」といった意味ではない。

そもそも日本の中世における「悪党」とは何か。

それまで自分の土地を守り、農作業を主体に暮らしていた武士たちは、鎌倉時代が進むにつれ、農作業だけでは満足しなくなってくる。これまでとは違う形で自分の生活を豊かにしたいと思い始めてきたのだ。ちょうどその頃、貨幣経済、商品経済が導入され、貨幣を用いてさまざまな形で、商取引が行われるようになり始めていた。

今まで、武士の生活は土地という不動産に重きを置いていた。次第に武士たちはより教養を身につけ始め、商品に対する欲望が芽生え出す。そうすると、不動産主体の鎌倉幕府の政治では不十分になってくる。

こうして、鎌倉幕府に対しての不満を持つ武士たちも出てくるようになった。次第に、商品流通の拠点であった京都を中心とするような近畿地方あたりには、農作業に立脚しない武士たちが出てくる。すなわち、商取引に立脚した新しい形の武士、今までとは違うタイプの武士たちの登場である。

鎌倉幕府は、彼らを幕府とは一切関係を持たない、いわば御家人ではない存在と考え、武士ではなく「悪党」と呼んだのである。どちらかと言えば、彼らを疎んじてもいた。

土地に縛られず、農作業ではなく商取引によって生計を立てる新しい武士「悪党」。その最も代表的な人物が、楠木正成である。正成ら悪党の力が次第に高まっていき、ついに鎌倉幕府は倒されてしまう。

鎌倉幕府滅亡というのは、武士の否定ではない。足利尊氏は違う形の武士をも取り込み、動産・不動産の両方を活用した上での幕府を築こうと画策したのである。そうなると、どうしても鎌倉では難しくなってくる。そこで、商取引の中心である京都に幕府を開こうとしたのだ。これが室町幕府誕生の流れだ。

このように「楠木正成は悪党だ」と言うとき、「楠木正成は悪い奴だ」という意味では決してないのである。

後醍醐天皇は独裁者ではなく、無能なリーダー

南北朝の検証の最後に、後醍醐天皇独裁者説についても簡単に述べておこう。そもそも後醍醐天皇は独裁云々という以前に、あまり有能なリーダーではなかったというべきかもしれない。

後醍醐天皇は武士の存在をあまりに軽く見過ぎていた。要するに幕府の存在そのものを認めなかったのである。

当時の一般的な考え方からすれば、武士の軍事力と治安維持能力がなければ、朝廷による政治は成り立たない。武士に現地を治めてもらい、税を徴収し、朝廷を支える。これが基本的な統治の体制だったにもかかわらず、後醍醐天皇はこれを頑なに拒否したのだ。

しかし、どう考えても当時の武士が実力を有していることは間違いない。その武士を処遇しないことには統治体制はうまくいかないというのは、当時の人たちの共通認識だったはずだ。

先に紹介した北畠親房は、武士の政権を容認していた。そして将軍が天皇に忠節を尽くすという形での国家モデルを描いていたのである。

そのため、後醍醐天皇と親房はまさに油と水である。南朝ながら、根本のところで異なっているのだ。実際、建武の新政が始まると、親房は京都を追われ、東北地方に左遷されてしまうのだった。

このように後醍醐天皇は独裁者・専制君主であったというよりも、武士の存在価値がわからなかった、できの悪いリーダーだったのではないだろうか。

佐藤進一先生や網野善彦《あみのよしひこ》先生は後醍醐天皇を非常に高く評価した。やはり子供の頃に受けた教育による刷り込みは強烈だった、ということなのかもしれない。

検証8

応仁の乱に関する「定説」

一一年にわたって続いた戦乱の発生・長期化要因

正式には応仁・文明の乱という。一五世紀後半から一〇年以上にわたって続いた内乱である。

将軍足利義教《よしのり》暗殺に端を発する嘉吉《かきつ》の乱の後、将軍の権威は失墜し、守護大名の勢力争いが激化。やがて細川勝元《ほそかわかつもと》と、嘉吉の乱で活躍し力を得た山名持豊《やまなもちとよ》（宗全《そうぜん》）の二大勢力が幕府の覇権を争う情勢となった。そこに、将軍足利義政《よしまさ》の後継をめぐる弟義視《よしみ》と実子義尚《よしひさ》の相続問題が結びつき、さらに斯波《しば》・畠山《はたけやま》など守護大名の継嗣問題などもからんで東西両陣営の対立は激化していった。

武力衝突は応仁元（一四六七）年に始まり、主に京都を戦場として、以後一一年間にわたって戦乱が続いた。焼け野原になった京都では傭兵となった足軽の乱暴・

●応仁の乱に関する「定説・仮説」

定 応仁・文明の乱	乱が始まったのは応仁元（1467）年だが、戦乱のため年号は3年ほどで文明に変わり、乱の大半は文明年間だった。そのため教科書なども記述はこのようになっている。
仮 日野富子元凶説	富子が実子の義尚を将軍に擁立するため山名宗全を義尚の後見人とし、義視と対立したことが、宗全と細川勝元との対立や斯波氏、畠山氏の家督相続問題などに飛び火し、応仁の乱が勃発したとする説。
仮 畠山後継問題原因説	畠山氏はお家騒動を抱えていたが、特に足利義政が管領畠山政長を免職して義就を管領職に就けたことから、義就と政長の対立が顕在化、両軍は上御霊神社で衝突し応仁の乱の火ぶたが切られた。

定は教科書などに書かれた「定説」　仮は一部の研究者の説や一般論としての「仮説」

狼藉も相次いだ。幕府守護体制と荘園制は崩壊し、守護も多くは下克上で没落し、時代は戦国大名の形成へ向かうことになる。

ここでのポイントは、将軍継嗣の問題だけでは説明がつかない大乱の発生原因と、一一年の長きにわたって戦乱が長期化した要因である。東西両陣営に分かれてはいるものの、後年の関ヶ原の戦いなどと違い、多くの守護大名にとっては、東西どちらの陣営を選ぶかといった積極的な理由がなかった。応仁の乱にまつわる定説と、さまざまな仮説について検証していく。

本郷和人が検証する　応仁の乱に関する定説

応仁の乱は日野富子が元凶か？

応仁元（一四六七）年から、文明九（一四七七）年までの一一年間にわたって続いた大乱が、応仁の乱である。教科書では通常、管領《かんれい》の畠山氏・斯波氏の家督争いと足利将軍家の家督争いに、細川勝元や山名持豊（宗全）が介入したために起きた戦いとされる。

第八代将軍・足利義政は弟の義視を後継者に決めたところ、その翌年に妻・日野《ひの》富子《とみこ》との間に義尚が誕生した。結果、義視派と義尚派に分かれ、家督を巡って争うこととなったのである。

日野富子は自らの子・義尚の将軍継承を主張したが、果たして日野富子という一人の女性が応仁の乱の元凶であると言ってしまってよいのだろうか。もちろん日野富子は、義尚が一四八九年に亡くなった後も、権勢を振るい続けており、強い権力志向の持ち主であることがうかがえる。

たしかに応仁の乱のきっかけとなるような事件を彼女が引き起こしたと言えるかもしれないが、その騒動が、一一年の長きにわたるような応仁の乱にまで展開したのはなぜか、という形で問いを立てるのが望ましい。

もちろん、将軍家の後継者問題があったのは間違いない。いったい誰が将軍を継ぐのか。将軍の力が強い場合には、跡目問題は戦乱になる可能性はある。国を真っ二つに割って、Aが将軍になるか、Bが将軍になるか、双方に割れて争うこともあり得るだろう。

しかし、当時の室町幕府にそこまでの力があったかというと、そうでもないというのが一般的な見解である。いくら日野富子が我が子を将軍にしようとしたところで、応仁の乱が始まるほどのものではなかったはずだ。応仁の乱が局地的な戦闘であればそれもあり得るが、やはり長期間も続く争いにまで発展すること自体、日野富子一人の力ではどうにもならないだろう。そのため、歴史学の立場にのっとれば、日野富子元凶説はまず採用しない。

応仁の乱の最も大きな要因は畠山氏の家督争い

それでは応仁の乱がここまで大規模なものとなった要因はいったいなんだろうか。私の見立てでは、応仁の乱とは、室町幕府内の長きにわたる政治抗争の結末に他ならないということだ。それは「宿命的なもの」だったと私は考える。

細川氏が率いる東軍と山名氏が率いる西軍が、幕府の主導権をめぐって争った。それは、応仁の乱に先立つ明徳《めいとく》の乱や応永《おうえい》の乱とほぼ同様の構図で、山名氏や大内《おおうち》氏、土岐《とき》氏といったいわゆる負け組が、細川氏や赤松《あかまつ》氏、京極《きょうごく》氏に再び挑んだ戦いと言えるのではないだろうか。

教科書では、応仁の乱によって足利将軍家は没落した、と書かれているが、これでは順序が逆である。実際のところ、足利将軍家の権威・権力が失墜したからこそ、応仁の乱が起きたと考えるのが順当だ。

室町幕府の管領は細川氏、斯波氏、畠山氏であり、なかでも畠山氏が、応仁の乱が起こる前には最も力を持っていた。先に紹介したように、教科書では斯波氏の家督争いや将軍家の家督争いも、応仁の乱の引き金とされている。しかし、最も重大だったのは、この畠山氏の家督争いと言っても過言ではない。

畠山満家《みついえ》の息子で管領を務めた持国《もちくに》は、畠山氏の全盛時代を築いた人物である。この持国の家督相続をめぐって、畠山氏が真っ二つに割れたのが、応仁の乱の大きな原因となる畠山氏の家督争いである。

持国の実子・義就《よしなり》は、母親が遊女だったため、持国は我が子とは信じられず、甥の政長《まさなが》を後継者に指名した。ところが、義就が成長するにつれ、我が子と確信するようになり、出家させた義就を呼び戻すこととなる。

こうして義就と政長の、血で血を洗うような家督争いが始まったのである。畠山氏の家督争いが、応仁の乱のきっかけとなったことから、当時の人たちは応仁の乱を「畠山一家の乱」と呼ぶこともあったという。

幕府は義就を謀反人と認定し、討伐の命を下した。しかし、岳山城にこもる義就はその軍事的才能を発揮し、幕府軍の攻撃を凌ぎ切った。この戦いぶりに目をつけたのが、山名宗全だった。宗全は幕府の方針を転換させ、義就の側についた。長年、山名氏と対立してきた細川氏は、結果、政長の方に与して、争うこととなる。

ここに至っては、畠山一家の乱は、山名氏と細川氏による幕府の主導権争いへと発展していった。その後、山名宗全側には、大内氏や土岐氏、一色《いっしき》氏らが加わり、細川勝元の側には赤松氏や京極氏が合流して、その後、東軍と西軍の争いとなった。

このように見ていくと、すでに将軍の権威は失墜しており、将軍家の家督争いはそこまで大きな原因とは思えない。むしろ、畠山氏の家督争いのほうが、応仁の乱の原因としてはより大きなものだったと言えるのだ。

日本人が一〇年以上戦い続けるのは異例

その後、応仁の乱は一一年間にわたって戦いが繰り広げられたが、戦ったり休戦したりの繰り返しで、東西両陣営が激しくぶつかり合うことはなかった。

東軍の細川勝元も、西軍の山名宗全も、途中で亡くなっているが、戦乱自体はずるずると続いていった。そもそも、日本人はヨーロッパにおける英仏の百年戦争のような長いスパンでの戦争はほとんどしない。応仁の乱のように一〇年も戦った事例は、武田信玄《たけだしんげん》と上杉謙信《うえすぎけんしん》の川中島の戦いくらいだろう。

この川中島の戦いも一〇年間ずっと戦闘状態にあったわけではない。信濃国の北部をめぐって、上杉謙信が五回にわたって侵入を繰り返し、その都度、武田軍が川中島で防戦していた。両者はほとんど深追いをせずに、信濃国の北部をめぐる争いを続けていた。両陣営にはそれぞれ、敵味方の意識はあっただろうと思われるが、常に戦闘状態にあったわけでもない。

逆に言えば、そのような戦い方だからこそ、一〇年も続いた、と言えるかもしれない。応仁の乱にもそのような要素があることは確かだ。文明九（一四七七）年、長きにわたって繰り広げられてきた応仁の乱は、東軍の勝利によってとうとう幕を閉じることになる。

井沢元彦が検証する　応仁の乱に関する定説

避けることのできなかった合戦「応仁の乱」

日本人は「平和」を大切にする。これに異論を挟む人は少ないだろう。国際社会の一員として最も大切にすべきなのは何か、というアンケートを取ったとしたら、おそらくほとんどの日本人が「平和」と答えるに違いない。それも、ダントツの一位になるだろう。

では、あえて問いたい。そんな日本人は「平和」の本質を理解しているだろうか、と。その答えは「ノー」だ。むしろ、世界の中で日本人ほど「平和」の本質を理解できていない民族はいないのではないか、とさえ思っている。

「そんなバカな」と一笑に付す向きもおられるだろう。しかし、これは本気である。

かつて、作家の司馬遼太郎《しばりょうたろう》は「平和」というエッセイを晩年に残している（『風《ふう》塵抄《じんしょう》』中央公論新社刊所収)。この中で司馬は、日本人の平和を求める態度を「平和念仏主義」と名付けて痛烈に批判している。

「平和念仏主義」とは何か。それは、みんなで「平和、平和」と唱えていれば、平和が実現する、という考え方である。

少しでも歴史を学んでいる人ならば、これを聞いてすぐに「おかしい」と違和感を覚えるだろう。現実の平和は、そんなに生易しいものではない。司馬遼太郎のいう「人脂のべとつくような手練手管《てれんてくだ》」が必要なのである。

最もわかりやすい事例が、徳川家康による豊臣家処分だ。

家康は生前の豊臣秀吉の残した「秀頼(秀吉の息子)を頼む」という遺言を、涙しながら「お約束します」と誓った。ところが、それから一七年後、家康は豊臣家殲滅に動き出す。散々挑発を仕掛けて、戦いを起こさせた。大坂の陣である。結局、家康は秀頼を守るどころか、生母の淀殿ともども豊臣一族を根絶やしにした。仕えていた主君の約束を反故にしたのだ。どこからどう見ても汚いやり方といえる。しかし、それと引き換えに、家康の開いた江戸幕府は二六〇年もの長きにわたって、戦争のない平和な世の中を実現させている。

こうした司馬遼太郎の歴史認識に、私は強く賛同している。

江戸時代になぜ、藩と藩による武力紛争が起こらなかったのか。それは、幕府による大名統制が強く作用していたからだ。

参勤交代をはじめ、大名の妻子を人質にとったり、公共事業を強要したりするなどは、各大名の財力をじわじわと弱める効果があった。大きな領地を持っている外様大名は、決して幕府の中枢の役職にはつけなかった。このような政治手法は、今日からみると、「汚い」部類に属するものといえる。

しかし、幕府という強大な力に頭から押さえつけられていたからこそ、各藩の暴発のようなことがなくなっていったことは間違いない。政治は結果であるとよく言われるが、まさに家康の政治手腕は、汚いとはいえ、きちんと結果を残していたとも言える。

それでは、応仁の乱という日本史上最大の内乱がなぜ起こったのかを考えてみよう。

直接のきっかけは、将軍家の相続争いである。室町幕府八代将軍である足利義政の後継者は、実子の義尚であるか、弟の義視であるか、という争いだ。もともと子がなかったために後継者として迎え入れた弟の義視と、後から生まれた義政の実子である義尚との間で起こったのである。

義尚の陣営には、生母である日野富子や、その後ろ盾となった山名宗全が加わった。一方、義視には、後見する細川勝元が肩入れする。そうした各陣営に守護大名がついて分裂。戦いは、応仁元（一四六七）年に勃発し、東西両軍の大将である宗全と勝元が相次いで死んだのをきっかけにして、文明九（一四七七）年にようやく収まっている。この長きにわたる戦乱のおかげで、京都は焼け野原となり、多くの建造物や美術品が焼けてしまった。

なぜこれほどの大乱になったかといえば、諸大名がそれぞれ西軍、東軍に加担したからである。これがどういうことを意味するのかというと、大名の力が強大になりすぎていたということになる。

大名の力が強いということは、将軍家の力が弱まっていたという証左でもある。

何しろ、足利将軍家を見渡せば、六代将軍・義教、一三代将軍・義輝《よしてる》というのは、大名に暗殺されているのだ。しかも、義教を殺した赤松家は、その後、御家再興を果たしている。将軍家には絶対に逆らえない江戸時代ではまず考えられないことだ。

実は、平和の手綱は強力な権力や軍事力によって統制されている。平和を実現するためには、あるいは維持するためには、時に汚いことを平然とやれるリーダーの存在があり、「手練手管」が必要なのだということがおわかりいただけるだろうか。残念ながら、応仁の乱の時には、それらがまったくなかった。だから戦乱が起こり、そして拡大していったのである。

今日の日本においても、「平和念仏主義」は根強い。しかし、それでは決して平和は実現しない。それが今の日本人にはわからない。平和を理想とするあまり、その手段においてもきれいな手段にこだわるからだ。日本人が平和の本質を理解していないというのは、そういう意味である。

第三章

近世・近代編

近世史を見る視点 ～本能寺の変から現代のコロナ禍まで

本能寺の変と朱子学の関係

井沢：本文でも述べていますが、私は本能寺の変の動機・原因という面では「四国説」の立場を取っています。信長による四国征伐への方針転換に、明《あけ》智《ち》光《みつ》秀《ひで》、そしてその部下で長《ちょう》宗《そ》我《か》部《べ》氏と縁戚関係を築き上げてきた斎《さい》藤《とう》利《とし》三《みつ》らは、それまで散々努力してきたことを無下にされたためにかっときてしまい、信長を殺した、という説ですね。もちろん、その機会がなければ、ただかっときてもやらなかっただろうと思います。

信長は、いわばブラック企業の社長みたいなものですから、部下は使い捨てにするような考え方で、まさか、反旗を翻してくるとは思わなかったので、油断して本能寺にいたところをやられたという。よく、呉《ご》座《ざ》勇《ゆう》一《いち》さんなんかが「作家は陰謀論ばかり語る」と言いますけど、念のため申し上げておくと、私は、陰謀論はあまり語っていないです。これは陰謀じゃないかと思うことも若干ないわけではないが、少なくとも本能寺の変については「四国説」でいいのではないかと考えています。

本郷：私も説としては「四国説」でいいんじゃないかなと思っています。ただ皆さんと少し違うのは、高柳光壽《たかやなぎみつとし》先生という方が言われていることですが、要するに光秀は近畿地方の司令官だったということです。光秀こそ信長の親衛隊だったわけです。信長にしてみれば、人選を誤ったということは言えるかもしれないけど、油断していたわけではない。そもそも光秀が信長を守るべき立場にいたわけですから、そういう人間にやられた場合はどうにもならない。

光秀がどうして信長を討ったかというと、これは人間の心理にまで及ぶ問題ですから断言はできません。井沢先生がブラック企業だったとおっしゃいましたけれども、その通りで光秀もクタクタになっていたのではないかなと思います。

井沢：ええ、そうでしょうね。同情しますよ。その点では（笑）。ただし、本能寺の変が日本史に与えた影響は一般に考えられているよりもずっと大きいと思います。

問題は、秀吉のほうが光秀よりもはるかにひどい裏切りをしている。織田家の家老的立場にあったのに、主家を乗っ取ってしまったわけですから。

それを横目で見ていたのが家康で、なんとかしなくてはいけないと思ったからこそ、忠孝を第一とする朱子学を武士の基本教養に置いた。朱子学というのは武士の宗教であったと考えていいと思いますが、それを導入した要因だったのではないか。そのことを考えると、本能寺の変の影響は非常に大きいと考えています。

本郷：確かに、秀吉のほうがよっぽど悪いことをしている。

井沢：ええ。ただし、秀吉は景気を良くして、金をばらまいた。評価される政治家というのは景気を良くした政治家です。実は今でもそうではないかと思います。

本郷：それを考えますといわゆる江戸時代の三大改革は、みんな失敗ですよね。

井沢：みんな失敗です。あれは消費の面から言うと、消費弾圧ですよ。将軍が倹約するのは公費節約ですからいいのですが、町民にそれを強制すると産業は廃れ、雇用も喪失されて不景気になる。それが朱子学の経済オンチなところです。それが日本をダメにしてしまったのではないかと私は思います。

日本史から新型コロナウイルスを見る

本郷：そういう意味では、現在、新型コロナウイルスの問題があります。果たしてすべて文化活動や経済活動を自粛の問題を考える上で、江戸時代の改革を見るというのも一つの手段になるのではないかと思うのですが、いかがお考えですか。

井沢：そもそも、財務省の方々は経済学部ではなく、法学部の人が多い。経済というのは生き物だから法律で縛るというのはおかしい。実は、これは朱子学的感覚です。江戸の三大改革というのは、経済も含めて法律で統制できるという朱子学的発想が根底にあります。その悪影響を受けているのが、今の財務省じゃないかなと私は思っているんですけども。

本郷：私が心配だったのはメディアが「コロナは危ない」と過剰に煽るわけです。しかし、本当にそうなのだろうか。人命が大切なのは間違いない。そこを否定するつもりはありませんが、なぜ経済の専門家に意見を聞かないのか。自粛で経済が回らないと生活は成り立たず、死ぬしかないという人もたくさんいると思います。

井沢：実際に自殺者も出ているかもしれません。コロナウイルスによる死か、倒産による自殺か。人命が尊いなら両方とも防がなければいけない。

本郷：そうです。これはまさに宗教の問題ですが、今、まさに科学が宗教になっている。日本の場合、井沢先生がおっしゃるように宗教というものを真面目に考えてこなかった。科学至上主義によって、原爆や原発の問題も出てきた。医療ではただ長生きすることを優先して延命治療の問題が出てきている。本来なら、人間が人間らしく生きるにはどうあるべきか、ということを考えなければいけない。科学だけに頼る形では、結局、お粗末な考え方しか出てこないのではないか。

井沢：コロナウイルスと宗教の問題で言えば、京都大学の山中伸弥先生が「ファクターX」ということをおっしゃられた。日本の死者が少ないのは事実だとすると、特別な要因があるとするならば、それは何かというわけです。山中先生とはちょっと視点が違いますが、私は、宗教だと考えています。例えばよく手を洗うというのも神道の禊《みそぎ》がそうです。間違いなく日本が世界一手を洗う民族なんです。

本郷：あ、そうか！

井沢：もう一つあるのは、土足です。日本は家に上がるとき、必ず靴を脱いで、外の土を遮断して生活しています。欧米ではそういう慣習はない。そういうところが感染症の予防という点については、意図したことではないが、阻止要因になっているのではないか。そういう意味でも宗教の役割・作用というものを考えた方がいいなと思います。歴史にはいろんなファクターがあり、できるだけ広く見ないといけない。ただ、専門研究をやっていると狭く深くやらなければいけない。そのバランスが問題だと思いますね。

本郷：そうですね。本当にその通り。ときには深く掘ることも、広い視野をもつことも重要ですね。言ってみれば、私たち史料編纂所みたいなところが史料を使いやすい形で提供するわけですから、提供した史料をいろんな方がいろんな角度から使えばいいんですよね。歴史研究者でなくてもいいわけですよ。できの悪い歴史研究者よりも、優れた歴史研究者ではない方のほうがきちんと歴史を見ることができる。このことを私たちは忘れてはいけないと思います。

本能寺の変に関する「定説」

本能寺の変に関する一般説

本能寺の変は天正一〇（一五八二）年六月二日、明智光秀《あけちみつひで》が京都の本能寺に宿泊中の織田信長《おだのぶなが》を襲い、自刃させた事件である。

信長は備中国高松城を囲む羽柴《はしば》（豊臣《とよとみ》）秀吉《ひでよし》の出陣要請を受け、自ら出陣するとともに光秀にも出陣を要請した。六月一日夜、一万三〇〇〇の軍勢を率いて亀山城を出た光秀は、途中で家臣に謀反の意向を伝え、翌二日の早朝に本能寺を取り囲んだ。

信長は森蘭丸《もりらんまる》らわずかな近臣と共に防戦したが、明智軍の攻撃を防ぎきれずに自刃する。また、信長の長男信忠《のぶただ》も本能寺に救援に向かう途中、信長自刃の報を聞くと、二条御所《にじょうごしょ》に立てこもって奮戦するが、父同様に自害して果てた。

信長の性格分析も重要

これが本能寺の変の「定説」だ。教科書や日本史辞典に載っているのはここまでの史実だけで、光秀が謀反を起こした動機などは、当然教科書などには書かれていない。光秀の動機を証明する決定的な史料がないからである。

しかし、光秀の動機に関するさまざまな「仮説」はある。怨恨説、共謀説、黒幕関与説、非道阻止説、突発的犯行説など。それらの仮説一覧を次ページに紹介しているので、ぜひ皆さんの仮説検証に役立てていただきたい。

また、もう一つ重要なポイントは、信長の性格や狙いについてである。たとえば信長が勤皇家であったとしたら、光秀の動機から「非道阻止説」という選択肢はなくなる。あるいは光秀、信長、秀吉などの戦国大名が、仮に「天下」という大それたことなど考えていなかったとしたら、下剋上を起こして信長を倒し天下を握ろうなどという野望も生まれなかったことになる。

●本能寺の変の動機諸説

怨恨説①	信長の横暴な振る舞いや扱いに光秀が憤り、犯行に及んだとする。江戸時代初期に書かれた『川角太閤記』によって提唱された説。本能寺の変直前、徳川家康の饗応役を命じられた光秀が、自身の粗相を信長に咎められ、犯行に及んだとする。
怨恨説②	甫庵による『増補信長記』などに見られる説。光秀は丹波の波多野氏攻めの際に、人質として母親を差し出し、和睦を図っていた。ところが信長は和睦ではなく攻撃を命じたために、見せしめに光秀の母親は磔殺された。これを恨みに思い、光秀が犯行に及んだとする。
怨恨説③	信長は光秀に中国地方で毛利氏と対峙している秀吉への援軍を命じた。その際、丹波など畿内周辺の明智領を没収、代わりに毛利領である石見・出雲の両国を与えると告げた。毛利打倒を果たせなければ所領が失われる光秀は、窮地に立たされることとなる。結果、謀反を起こしたとする。江戸時代中期の軍記物『明智軍記』によって広められた説。
怨恨説④	イエズス会宣教師ルイス・フロイスが記した『日本史』に信長が光秀を足蹴にしたという記述があることなどを根拠とする説。武士の面目を潰された光秀が信長に恨みを抱き、結果、謀反を起こしたとする。歴史学者の高柳光壽・桑田忠親の間で論争に発展した。
怨恨説⑤	斎藤利三ら家臣の引き抜き事件が発端となって、光秀が公衆の面前で信長から暴行を受けたとする記述が、比較的良質な複数の史料にも見える。織田家臣団の統制の矛盾と信長による光秀への暴行が、怨恨を生み、直接的な謀反の動機となったとする。

黒幕関与説① 足利義昭説	黒幕として足利義昭が暗躍していた、あるいは光秀の謀反を何らかの形で援護していたとする説。かつて信長包囲網を策動した実力者。また京都追放後、毛利氏の庇護を受けており、信長に対する怨恨という動機も考えられることなどを根拠とする。
黒幕関与説② 朝廷説	正親町天皇に退位を迫り、天皇がこれを拒否していたという事実や、朝廷が採用していた宣明暦を止めるよう要望、地方で使用されていた三島暦の採用を強要したとされることなどを根拠に、信長は朝廷・天皇の権力を凌駕する存在になろうとしていたとする。これに対して、危機感を抱いた朝廷が信長殺害を謀って、光秀に命じたという説。
黒幕関与説③ 羽柴秀吉説	本能寺の変が起きたことにより、結果的に最大の利益を得たのは秀吉であることを根拠に、唱えられるようになった秀吉黒幕説。中国大返しがあまりに早かったのは、事前に信長殺害を知っていたからではないか、という疑いや、秀吉が信長に中国地方への出陣を要請したのも本能寺の変のお膳立てだったのでは、という解釈がもととなっている。
黒幕関与説④ 徳川家康説	妻の築山殿、長男信康を信長の命で死に追いやった家康が、恨みを晴らすために光秀を擁して信長を討ったとする説。また、強敵・武田氏を滅ぼしたことで用済みとなった家康を、信長が殺害しようと画策していたという「家康暗殺計画」を逆手にとって、実行役である光秀と家康が手を組み、本能寺の変を起こしたという説もある。
黒幕関与説⑤ 長宗我部元親説	信長の四国政策の転換により、所領を奪われ討伐の危機が迫っていた元親が、縁戚にして、信長との間の取次(申次)だった光秀を頼って、四国征伐の前に信長を討たせたとする説。石谷文書によって注目された「信長の四国政策転換が光秀を追い込んだ」という説が裏書きしている。

黒幕関与説⑥ 毛利輝元説	秀吉と交戦中だった毛利輝元が、光秀と通じて、信長を殺害させたとするもの。当時、毛利氏の庇護下にあった足利義昭が、光秀との仲介役を果たしたとする解釈もあれば、毛利は光秀のほか秀吉とも通じており、中国大返し自体も画策されたものだったとする解釈などもある。
黒幕関与説⑦ 近衛前久説	太政大臣も務めた公家・近衛前久が、光秀と通じて、謀反を起こさせたとする。山崎の戦いで光秀が討たれたのち、前久は「本能寺の変の際、光秀軍が前久邸から銃撃していた」ことを理由に秀吉や織田信孝から光秀挙兵への協力を疑われ、詰問された。結果、京都を離れて、家康の庇護下となる。朝廷黒幕説の異説。
黒幕関与説⑧ 本願寺説	信長と敵対した本願寺の顕如の息子・教如が義昭や光秀と連携して本能寺の変を起こしたとする。父・顕如は信長と和睦したが、教如は信長と徹底抗戦の構えで、諸国を放浪しながら、一向一揆を煽動し、信長を苦しめていたことから類推された説。
黒幕関与説⑨ イエズス会説	キリスト教に親和的だった信長だが、キリスト教の神をも超越した存在として振る舞おうとしたとされ、これに危機感を覚えたイエズス会が、光秀と通じて、信長を殺害させたとする説。
黒幕関与説⑩ 千利休・秀吉説	山田芳裕の漫画『へうげもの』（講談社）で描かれた異色説。南蛮や高麗の美に魅了された信長を排して、「わび」の境地を極めようとした千利休が、秀吉と手を組み、光秀を操って謀反を起こさせた、とする説。

黒幕関与説⑪ 伊賀者・秀吉説	天正伊賀の乱で信長と敵対した伊賀者の残党が、黒幕となり、信長への復讐を画策。織田家臣団の革新的な再編によって、立場が危ぶまれた光秀、秀吉、黒田官兵衛らを巻き込み、本能寺の変を起こしたとする。富樫倫太郎の小説『信長の二十四時間』（講談社）で描かれた説。
共謀説	信長の政策によって窮地に陥っていた光秀（所領の変更など）、義昭（京都追放）、元親（四国征伐）らが危機回避という目的で一致し、本能寺の変を起こしたとする説。
非道阻止説	将軍足利義昭の追放、朝廷や天皇をないがしろにし、暴虐の限りを尽くす信長に対して、正義感・使命感から光秀が止むに止まれず、謀反を起こしたとする説。怨恨説・朝廷黒幕説・足利義昭黒幕説とも通じる複合説。
突発的犯行説	旧秩序を守ろうとする保守的な光秀にとって、大胆な変革を進める革新的な信長にはもともと危機感を抱いていたとする。信長が手薄な警護だけで本能寺に滞在していたこと、京都周辺には織田家臣団の有力な武将が不在だったこと、嫡男・信忠までもが京都に滞在しているという「偶然」が重なったことから、この機会を逃すまいと突発的に犯行に及んだとする説。

※『週刊朝日ムック　歴史道　Vol.7　【完全保存版】真説！明智光秀伝』朝日新聞出版、『歴史人　2020年2月号』ベストセラーズ、並びに巻末の「参考文献」欄所収の資料をもとに作成

本郷和人が検証する　本能寺の変に関する定説

日本史「三大どうでもいい話」

天正一〇（一五八二）年、京都の本能寺で明智光秀が主君・織田信長を討った本能寺の変は、これまで歴史学者・作家・一般人を含めて多くの人々が、さまざまな説を唱えてきた。

とりわけ、その最たるものが「黒幕」の存在について言及するものである。それは光秀が本能寺の変をなぜ起こしたのか、その動機の謎を追求するものとセットになった問いだ。

以前、徳川宗家の末裔《まつえい》である徳川家広《いえひろ》さんとお話しした際に、本能寺の変を「日本史・三大どうでもいい話」の一つに挙げておられた（ちなみに他の二つは、下山事件と坂本《さかもと》龍馬《りょうま》暗殺事件）。まったく同感で、おそらく黒幕なんていなかったのだ

現在の本能寺

ろう、というのが私の理解である。

そもそも、動機がなんであれ、光秀が信長を討ったという歴史的事実に変わりはない。歴史学はその歴史上の人物の内面、すなわち動機については軽々に踏み込めないという点は、先述した通りである。

諸説ある黒幕説や陰謀説など、本能寺の変にまつわる諸説の概要は別表を参照していただくとして、ここでは光秀の動機に関するいくつかの説や黒幕説について検証してみたいと思う。

信長と光秀の関係

まず、よく言われることだが、光秀が信長を討ったのは、普段から信長の横暴な振る舞いや扱いを恨んだためとする怨恨《えんこん》説である。

徳川家康の饗応《きょうおう》役を仰せつかった光秀が粗相をし、信長に咎められたことを恨んだとするものや、公衆の面前で信長から暴行を受け、武士の面目を潰されたことを恨み、凶行に及んだとするなど、特に信長との関係の悪さを挙げるものがしばしば目につく。

しかし、そもそも、信長は光秀のことをどのように評価していたのか。それには本能寺の変を起こす天正一〇（一五八二）年頃の織田家臣団中の光秀のポジションについて考えてみる必要があるだろう。

高柳光壽《たかやなぎみつとし》先生は「近畿管領」、谷口克広《かつひろ》先生は「畿内方面軍司令官」と呼んでいるように、このときの光秀は、京都を中心とした近畿地方の治安を守る役職を担っていたと思われる。

本能寺の変の前後、各方面には北陸は柴田勝家《しばたかついえ》、関東は滝川一益《たきがわかずます》、中国は羽柴《はしば》秀《ひで》吉《よし》と、有力な重臣たちが派遣されていた。光秀には、四国の長宗我部元親《ちょうそかべもとちか》の中次《もうしつぎ》という役割もあったが、このときはすでに四国政策の方針転換が打ち出されており、四国には派遣されていない。

つまり、各方面には光秀のやる仕事がないことになる。しかし、信長は家臣を遊ばせておくほど甘い主君でもない。有能な人間には必ず仕事を与えている。

このように考えると、やはりこの頃の光秀に与えられていた役割とは、京都を中心とした近畿地方を守る、信長の親衛軍の働きであったと思われる。

本能寺の変は、わずかな家来しか連れていなかった信長の油断が招いたものだという人もいる。だが、光秀が信長の親衛軍だとするならば、そもそも自分の警護として最も信頼していたのが光秀であったのだ。それは油断とは言えない。自分を守る親衛軍の将に裏切られてしまったら、もうどうしようもないだろう。

信長は謀反の首謀者が光秀と聞いて、「是非《ぜひ》に及ばす」と言ったとされるが、そこには「これだけ信頼して取り立ててきた光秀にやられるのならば仕方ない」という意味が込められていると解されるだろう。

見込みがあるとみれば、適材適所に役割を与えた信長。主君の期待に従順に応えた光秀。しかし、織田家臣団での激務に耐えかね、とうとう光秀は疲れてしまったのではないか。私は半分ジョークで、「ブラック企業説」を唱えている。

転職してきた会社は、ワンマン社長が経営するブラック企業だった。社員は連日深夜まで、週末返上で休みなく働かされた。疲れ切った社員の光秀はとうとう耐えかね、つい衝動的に社長の信長を殺してしまった。

この説にのっとるならば、本能寺の変には黒幕は存在しないことになるだろう。

光秀は天下取りを目指したか？

続いて、光秀もまた天下統一の野望を持ち、主君・信長に対して下克上を起こした、とする野望説について検証してみよう。

そもそも近年、信長は他の戦国武将とさして変わらないとして、特別視はしない

明智光秀像

説を主張する学者も増えてきた。その最たるものに、信長は天下統一を目指していなかったとする説がある。それによると、信長の天下布武が指す「天下」とは、京都を中心とした空間の秩序という意味だというのだ。

この説に従うならば、信長の天下布武とは京都を中心とする政権の構想という意味で、「日本を統一しよう」なんて信長は思っていなかったということになる。

果たして、本当にそうなのだろうか。

そもそも信長はどの段階で日本全国という意味での天下統一を考えた

のか、あるいは最後まで天下統一を考えなかったのか。

もし、信長が最後まで天下統一を考えなかったとすれば、日本を一つの国としてまとめようと最初に考えたのは、その後の豊臣秀吉のアイディア、ということになる。そして、徳川家康がその構想を引き継いだという形になるだろう。

他方、どの段階かはわからないが、晩年の信長が近畿地方を制圧した段階で、これを足がかりに日本全国を統一しようとしたと考えることもできる。それならば、秀吉は信長のアイディアを引き継いだことになるだろう。

天下を京都中心の空間に限定したがる人たちは、この問いには一切答えておらず、実際のところ、よくわからないのだ。

同時代の他の戦国武将が自分の土地に縛られているにもかかわらず、信長自身は自分の土地や国という意識は薄かったようにも思える。

武田信玄は自分の本拠地を甲斐国《かいのくに》の躑躅ヶ崎《つつじがさき》から移さなかったが、信長は清洲《きよす》から小牧山、岐阜、安土《あづち》と次々と本拠地を変えた。さらには織田家臣団の人材登用においても、出自にはこだわらず、能力重視を徹底した。そのため、多くの裏切りにも遭っている。

ただ、以上のことからわかるのは、信長は国、今でいう県というまとまりを超えて、日本という国を見据えていたのではないかということである。すなわち、京都を中心とした空間に限定されない、日本全国という意味での天下統一を目指していたとも考えられるのではないだろうか。

このように見ていくと、やはり信長は革命的な視野の広さを持った、画期的な歴史的人物だったと言えるだろう。

さて、光秀に野望があったかどうかだが、もちろん人間の内面のことなので、本当のところはわからない。ただし、その野望は果たして信長が描いていた日本全国という意味での天下統一だったかというと、答えは否、であると私は思う。

当時の戦国武将にとって、群雄割拠がむしろ当たり前なのである。県のような単位の国でまとまり、そうした国が各地にあって、お互いに牽制し合う。これが普通の状態だ。こうした単位を超えて、一足飛びに日本全国を統一するという発想を、普通の戦国武将が思い描くことは困難だ。ましてや実行に移すなど、不可能に等しいだろう。

おそらく光秀は、天下統一などは思い当たらず、信長を討った後は代わりに近畿地方を押さえ、これまでと同じように他の武将を牽制し合いながら、これまでと同じような群雄割拠の戦国時代を生き抜こうと考えていたのかもしれない。

非道阻止説の欠点　～本能寺の変に黒幕なし～

また、これもよく唱えられる説だが、光秀は天皇や将軍をないがしろにする信長に憤り、これを討ったとする義憤説あるいは非道阻止説がある。この場合、朝廷黒幕説や足利義昭《よしあき》黒幕説とつながってくるが、信長を討った後の光秀の行動を見ると、この説は考えにくい。

自らを正当化し大義名分を明らかにするために、黒幕がいるならば、必ずそれを明らかにするだろう。

例えば、「私は天皇の命を受けて信長を倒しました」「公方《くぼう》様（将軍のこと。この場合は足利義昭）の命令を受けて信長を倒しました」などと宣言して、信長に謀反を起こしたのは、自分の私利私欲ではないことを証明する。そして、他の武将たちを自分の味方に引き入れていくはずだ。

ところが、光秀には本能寺の変の後、一切、そうした行動を起こした形跡が見られない。

天下布武を推し進めたあの時点での信長を倒すことが、私利私欲ではないと保証するくらいの人物となると、やはり天皇か将軍になるだろう。自分よりも位の高い存在から指示を受けたならば、必ずそれを明らかにするはずだ。

だが、光秀には、それを行っている気配がなく、自分の行動の正当化もしなかった。

光秀に味方する武将がほとんどいなかったということも、端的に光秀の私利私欲だったと思われたのだろう。

このように考えると、多くの黒幕説はフィクションだと言わざるを得ない。

時代とともに変わる信長のイメージ

仮に、光秀が朝廷の命令を受けて信長を討ったとすると、信長は朝敵だったということになる。果たして信長には朝廷から討たれるような理由があったのだろうか。歴史的に言えば、朝敵どころか、信長はむしろ勤皇家として評されることが多い武将だった。

元々は江戸後期の儒学者で勤皇家の頼山陽《らいさんよう》が唱えたことであるが、幕末から明治時代にかけて、信長は勤皇家であると高く評価された。

実際に戦国時代、朝廷は経済的に困窮していたが、信長のおかげで財政的に立て直すことができたという一面も持っている。いわば、朝廷復活の功労者である、というわけだ。

この信長勤皇家説は、徳川将軍家と幕府の統治から天皇を担いだ薩長の明治政府へと移行する時の政治が、色濃く反映されていると言えるだろう。明治二（一八六九）年には、京都に信長を祭神とする建勲《たけいさお》神社が建てられた。

建勲神社

　しかし、この勤皇家というイメージは、戦後になるとまた一変する。今度は、信長は天皇制を否定し、中世を終わらせた革命家として評価されるようになったのだ。いわば、異端のヒーローというわけである。そこには、戦前・戦中の皇国史観的な発想から一変した戦後の時代状況が色濃く反映されていると言えるだろう。

　信長が実際に勤皇家であったかどうかは定かではないが、歴史を通じて、その時代状況が反映されながら、信長像も変遷を重ねてきたことがおわかりいただけるだろう。

井沢元彦が検証する　本能寺の変に関する定説

信長は天皇をもしのぐ「神」を目指した

織田信長の事績を追う時に、必ず突き当たるのが比叡山《ひえいざん》焼き討ちや、一向一揆をはじめとした本願寺との戦いである。それを引き合いに出して、「信長は無神論者である」と信じている人は少なくない。宣教師のルイス・フロイスが信長を「すべての偶像を見下げ、若干の点、禅宗の見解に従い、霊魂の不滅、来世の賞罰などはないと見なした」（『完訳フロイス日本史』松田毅一他訳、中央公論新社）と評していることも、大きな理由だろう。

しかし、本当に信長は無神論者だろうか。実は、信長研究の第一級史料である『信長公記《しんちょうこうき》』には、信長が若い頃に火起請《ひぎしょう》と呼ばれる占いのようなものをやった、と書かれている。これは、熱く焼けた鉄を素手で持って、神棚に運べるかどうかで真偽を判定する、いわば裁判のための道具のようなもの。ところが、この儀式が公正に行われていない場面に出くわした信長は、自ら熱した鉄を持って、神棚まで運び、不正を行った者を罰した、というのである。

この神事には、「自分が正しければ、神が守ってくれるから火傷をしても鉄を落とすことはない」という意味が込められている。信長が自らの手でこの神事に首を突っ込んだのは、すなわち、インチキなどしてはならないということだ。単なるリアリストであれば、不正を見つけた時点で切り捨てればいい。そうしなかったのは、正しく行うことを重視したからだ。つまり、神が存在するのを前提にした行動と受け取れるのだ。

後に信長は自らを神格化しようとしている。これは、先にも引いたフロイスも「信長は自分を神として礼拝するよう命じた」というようなことを証言しているから確かなことだ。信長は自分の誕生日を聖なる日として、その日は安土城内にある摠見《そうけん》寺《じ》に参拝するよう命じている。

当時の信長の最大の敵であり、宗教的にも巨大な勢力であった本願寺の宗主である顕如《けんによ》は、阿弥陀如来の化身とされていた。彼は来世のご利益を保証する生き仏であったが、これに対して信長は現世の幸福を実現する生き神を目指したのである。これらのことを見ても、信長は無神論者ではない、と答えるしかない。

実は、戦前まで信長は「大の勤皇家」という位置づけになっていた。その根拠は、さまざまある。たとえば、朝廷を圧迫していた室町幕府を事実上瓦解させたことも挙げられるし、御所の修築などにも配慮していたことなども理由の一つではあるだろう。

では、神になろうとした信長は勤皇家といえるだろうか。信長の考えた神というのは、当然、天皇を超えた存在という意味である。かつて室町幕府一五代将軍・足利義昭に副将軍の地位を打診された信長は、これを丁重に断っている。それは何も、「私など、まだまだ」などと謙遜して辞退したわけではない。信長は既存の権力機構の中に自分を収めたくなかったのだ。

日本で唯一の正統な権力者は天皇である。信長の性格上、それに取って代わることとは考えていなかった。それどころか、おそらく、それを超えようとしたはずだ。

そのためには、自らが神になるしかない。

信長は天下の覇者となる直前に本能寺で倒れた。これは彼にとって想定外のことだったことは明らかだ。そのため、天下を統一した後、信長が天皇をどうする気だったのか、その構想をうかがい知る史料は残されていない。が、おそらく、天下の覇者となった後、安土城の天主でゆっくりと考えるつもりだったのではないだろうか。

「信長を討つ」光秀の動機はどこにあったのか

さて、その本能寺の変は日本史最大のミステリーといわれている。「なぜ、家臣の明智光秀が反旗を翻したのか」は、今もなお。答えが出ていない。

ドラマや小説などで有名なのが、怨恨説である。代表的なものは次のようなものである。光秀が丹波を攻め落とした時に城主の助命を受け入れる代わりに、自分の母親を人質として差し出した。しかし、信長が勝手に城主を殺してしまったため、光秀の母親もまたなぶり殺しにされたことを恨んだとするもの。

別の説では、武田勝頼を滅ぼした際に光秀が「骨を折った甲斐があった」と感想を述べると、信長が激怒して「お前が骨を折ったというのか」と本堂の欄干に光秀の頭を打ちつけたというもの。

また別の逸話では、安土城に信長が家康を招待した際に、その饗応役に任命された光秀は心を尽くして接待したものの、不手際があったとして一方的に解任されたというもの。

いずれも有名で、ドラマや小説など創作の世界でよく用いられるエピソードだが、しかし、これらは後世に語られたいい加減な作り話を基にしたものであり、とても信用するに値しない。

私は、信長の天下統一事業の過酷さに追い詰められた光秀がノイローゼになって発作的にやってしまった、というのが実際のところではないかと思っているが、さまざまある説のなかで、このところ注目を集めているのが「四国征伐」にまつわる説である。

この説は、土佐国（現在の高知県）の支配者であった長宗我部元親との交渉役を担当していた光秀が、それまで築き上げてきた元親との友好関係を信長によってぶち壊されたことによって決起したとするものだ。この場合、キーパーソンとなるのが、光秀の重臣である斎藤利三《さいとうとしみつ》である。元親と接近するため、利三は妹を元親に嫁がせていたのだ。二人の間には、信親《のぶちか》が生まれている。

当初、信長は元親との関係を良好に保ち、四国の支配は元親に任せるとしていた。しかし、いよいよ元親による四国統一が現実的なものとなってきたタイミングで、急遽、同盟関係を破棄し、四国の大半を織田領とすることに決定。信長の三男である信孝《のぶたか》に四国征伐を命じたのだ。もしこの征伐が計画通りに実行されていたら、長宗我部家の命運はおそらく絶たれていたことだろう。その出発日が、他でもない、天正一〇（一五八二）年六月二日。すなわち、本能寺の変当日だったのである。交渉役だった光秀の面子は丸つぶれになった。それればかりではない。本来であれば、自暴自棄になった光秀を諌める役割である利三が、自分の妹や、甥っ子を守るべく、光秀に「打倒信長」を進言したことは十分にあり得る。

黒幕説はいずれも推測の域を出ない

こうした怨恨説の延長線にあるのが、もともと光秀には秀吉や家康と同様に天下取りの野望があったとする「野望説」である。柴田勝家や滝川一益、羽柴（豊臣）秀吉といった織田家の重臣たちが各地に出払って戦いを続けているなか、信長はわずかな人数とともに京都の本能寺に宿泊した。今の信長は手薄である。ここで襲えば、まず間違いなく信長は討てる。そうすれば天下は自分のもの、と光秀が考えたという論理である。

しかし、ここで改めて見つめ直さなければならないのは、当時の武将たちの誰もが天下を狙っていたわけではないということだ。当時、天下を取るための現実的なプランを持っていたのは、おそらく信長だけだった。だから、他家の武将ならまだしも、織田家の家臣で信長を殺してまで自分が天下の主となろうなどとは考えもしていなかっただろう。もし本能寺の変がなく、信長がそのまま生き延びていたならば、おそらく秀吉も家康も天下取りなど考える間もなく、一生を終えていたに違いない。そのため、光秀も信長の配下でありながら虎視眈々と取って代わるスキを狙っていたとは考えづらい。

そうはいっても、本能寺の変の実行犯が光秀であることは疑いようのない史実だ。しかし、光秀の謀反の動機があまりに不可解であることから、実行犯であるのは間違いないとして、実は単独犯行ではなく、その裏で糸を引いていた黒幕がいたのではないか、とする考えは根強い。

黒幕説で名前が挙がるのは、代表的なものだけでも、足利義昭、正親町《おおぎまち》天皇、イエズス会、はたまた豊臣秀吉など幅広い。

まず、将軍である足利義昭であるが、当時、彼は西国の大身である毛利家の庇護下にあった。秀吉軍と毛利軍がまさににらみ合いにあった状況で、もし義昭が光秀の決起を事前に知っていたのならば、両軍が講和など結ぶだろうか。秀吉は、早々に講和をまとめた後、驚異的な速度で京都に上り、光秀を討ってしまうのである。もし義昭が黒幕ならば、毛利軍と光秀軍で秀吉を挟み撃ちにすることなどは造作もないことだ。しかし、毛利軍は、京へと帰っていく秀吉をただ見送っていただけ。

義昭が黒幕であるとするのは、少々難がある。

朝廷、すなわち正親町天皇はどうだろうか。本能寺の変があった天正一〇（一五八二）年、信長の天下統一事業はまだ途上であった。先にも述べたように、信長が天皇に対して、心の底から忠誠を誓っていたとは考えがたい。いずれ、天皇あるいは朝廷という権力装置を自分の足下に与したいという展望はあったかもしれないが、それは、少し先のことだ。お互いに水面下で警戒し合っていたことは確かだが、表立って対立していたわけではない以上、朝廷側にせよ、信長側にせよ、直接対決の場面はまだまだ先だったはずだ。信長から見れば、天下統一を果たした後、じっくりと考えればいい事案だった、というのはすでに述べた通りだ。そしておそらく朝廷側も、信長をすぐにでも討たなければならないと考えるほど、追い詰められていたわけではないだろう。

次の黒幕はイエズス会だ。彼らは将来に信長が行うであろう海外進出を恐れていた。そこで、信長のこれ以上の勢力拡大を阻止するため、本能寺の近隣にあるイエズス会の拠点である南蛮寺から大砲砲撃をし、本能寺ごと信長を吹き飛ばしたのだという。しかし、これも根拠となる史料に乏しく、にわかには信じがたい。

後継者として利益を享受した秀吉が真犯人だったのか？

ミステリーの王道で考えるのならば、信長が死んだ後、最も得をした人物が真犯人として怪しまれる。そういう意味で疑いの目を向けられているのが、秀吉である。

何しろ、信長の死後、秀吉の動きは実に迅速で、うまくいきすぎている。秀吉が本能寺の変の報に触れたのは、変の起こった六月二日の翌日である、三日の夜。膠着状態だった毛利軍と備中国《びっちゅうのくに》でにらみ合いの真っ最中だった。秀吉はただちに毛利との講和交渉を開始し、わずか一日でまとめあげ、四日の午後三時には軍を反転させて京に向かっている。毛利軍が別ルートから「信長死す」の情報を入手したのは、二時間後の午後五時頃であったと伝わっている。もし講和交渉の最中に毛利側が情報を得ていたら、と考えると、まさに綱渡りの状況だったのである。

こうして、ものすごいスピードで軍を動かした結果、一〇日後の六月一三日に、秀吉軍は光秀軍を撃破している。このように事がうまく運んだのは、秀吉がすべてを知っていたからだ、というのが秀吉黒幕説である。

しかし、よく考えてみてほしい。確かに信長は死に、その後継者たる長男の信忠も命を落とした。仇である光秀を倒したまではよいが、信長にはそのほかに次男の信雄《のぶかつ》、三男の信孝《のぶたか》という後継者候補がおり、彼らは健在なのである。織田家の筆頭家老である柴田勝家は、信孝を次期織田家当主に推薦している。信雄と信孝、二人の能力差から考えれば当然の流れといえるが、本来ならば、ここで秀吉は再び織田家の一家臣に戻るはずである。

秀吉にとって幸運だったのは、信忠の子である三法師《さんほうし》が生き残っていたことだ。まだ幼子である三法師を自らの手で押さえたことによって、秀吉は織田家の主導権を握ることに成功する。つまり、織田家の当主・信忠の子である三法師こそが、正統な後継者であろうと主張したのだ。三法師の後見として自分が振る舞うことによって、織田家の権力をそっくりいただこうという狙いであった。

当然、織田家の今後を話し合う清洲会議において、秀吉は参列者の一人である丹《に》羽長秀《わながひで》に根回しをしていただろう。その重臣を集めた会議で、秀吉の主張が認められた。

しかし、ここに至るまでの秀吉は薄氷を踏む思いだったに違いない。一歩間違えれば、天下取りどころか、光秀と同じように反逆者として見なされかねなかった。まさにつきまくっていたといえる。だからといって、すべてが事前に計画されたとも思われない。

おそらく秀吉は、信長の死をきっかけにして、「天下取り」という言葉がちらついたのではないか。光秀をけしかけて信長を殺してしまおうと秀吉が考えたというより、光秀の巻き起こした混乱に乗じることで、一気に織田家乗っ取りを画策したのではあるまいか。

いずれにせよ、秀吉は足軽から取り立ててもらった大恩人である信長の息子や娘たちから天下を奪った大悪人である。ところが、不思議と秀吉には極悪人というイメージがない。そのあたり、「人たらし」を得意とした秀吉の「秀吉マジック」とでもいうべき、謀略の真骨頂といえるだろう。

検証10

関ヶ原の戦いに関する「定説」

天下分け目の戦いの経緯

慶長五（一六〇〇）年九月一五日、美濃国関ヶ原で起こった関ヶ原の戦いは、天下分け目の戦とも言われる。その経緯は次のようなものだ。

豊臣秀吉が亡くなった後の豊臣政権では、五大老・五奉行による政務代行体制が取られたが、最終的には五大老筆頭の地位にあった徳川家康が権力を握っていった。

その家康に対し、石田三成《いしだみつなり》が毛利輝元《てるもと》を西軍の総大将に立てて挙兵。慶長五（一六〇〇）年、九月一五日に両軍が関ヶ原で激突した。戦局は小早川秀秋《こばやかわひであき》の寝返りがきっかけで東軍の勝利となった。西軍は敗走、石田三成も捕らえられた。家康は三成の居城・佐和山城《さわやまじょう》を落とし、大坂城からは総大将の毛利輝元を退かせた。

以上が関ヶ原の戦いのあらましだが、そこにはさまざまな疑問がある。

●関ヶ原の戦いに関する「定説・仮説」

(定)石田三成首謀者論	石田三成が豊臣方の武将に呼びかけて家康に対抗し西軍を編成したというのが一般的な「定説」。
(仮)毛利輝元野望説	総大将の毛利輝元が、西国の支配拡大などを目論見、三成や安国寺恵瓊の誘いに乗ったのではなく自ら積極的に参画したとする説。
(定)小早川秀秋寝返り説	秀秋の寝返りは「定説」だが、家康が本陣から秀秋の陣に鉄砲を発砲させて寝返りを催促したという話には疑問を呈する説もある。
(仮)合戦を長期化させることはできたのか？	関ヶ原の合戦は1日で決着がついてしまったが、三成が居城の佐和山城や大坂城まで後退して再起を図ることもできたのではないかとする説。

(定)は教科書などに書かれた「定説」　(仮)は一部の研究者の説や一般論としての「仮説」

たとえば、そもそもこれは「誰と誰」の戦いであったのか。東軍の統制は徳川家康がとっていたとして、西軍の首謀者は石田三成だったのか？　さらには、この天下分け目の戦いがなぜたった一日で決着してしまったのか。応仁の乱は一一年の長きにわたって戦乱が続いた。また、関ヶ原の戦局を遠方から見守っていた信濃の真田《さなだ》昌幸《まさゆき》や東北の伊達《だて》政宗《まさむね》、九州の黒田《くろだ》官兵衛《かんべえ》なども、明らかに戦の長期化を見込んでいた節がある。ここでは、こうした関ヶ原の戦いに関するさまざまな疑問について検証していきたい。

井沢元彦が検証する　関ケ原の戦いに関する定説

第二次、第三次関ヶ原はあり得た！

「天下分け目の戦い」として有名なのが関ヶ原の戦いである。

発端となったのは、石田三成の挙兵だ。豊臣家大老であった徳川家康が、政権に反抗的な態度を取り続ける会津《あいづ》の上杉《うえすぎ》景勝《かげかつ》を征伐するために、大坂から江戸に向かった際、空白状態となった中央で、三成は兵を挙げた。

三成の頭にあったのは、豊臣政権の存続だ。秀吉亡き後、政権は家康を中心にして運営されていた。しかし、秀吉の遺命で合議制となっていた政権は、半ば家康一人のものとなりつつあった。それに危機感を覚えたのである。さらにいえば、三成は家康が嫌いだった。動機としては、こちらのほうが強かったかもしれない。

いずれにせよ、真の豊臣政権を取り戻す。そんな目論見が三成の胸中にあったはずだ。秀吉に対する、家康の不忠とも取れるような振る舞いは、確かにあった。秀吉の遺児である秀頼《ひでより》の許可を得ずに大名同士の婚姻を進めたり、勝手に大名に恩賞を与えたりしていたのである。事実、三成は家康のそうした政権の私物化を弾劾する文書を公表している。

当時はまだ、秀吉が死んで二年。秀吉に心酔する武将たちはまだまだいた。三成の弾劾は当を得たものでもあり、たとえ大老職だったとはいえ、それをもって家康の下を離れる武将がいてもおかしくはなかった。

しかし、家康の下を離脱する者はほとんどいなかった。むしろ、三成こそが豊臣家を私物化しようとしている、などといって家康の陣営は結束を固めたのである。

こうして三成側を西軍、家康側を東軍として激突したのが、関ヶ原の戦いである。両軍合わせて二〇万近い兵が集まって行われたこの戦いは、つまり、豊臣政権内の内紛だったのだ。

これほどの規模であったにもかかわらず、驚くべきことに、この一戦はわずか一日で終わった。これは想定外のことだった。伊達政宗も、真田昌幸も「まさか」と驚いて、すぐには信じなかった。秀吉に「多くの領地を与えたら天下を奪われる」とまで言わしめた「物事の見える男」黒田官兵衛ですら、戦いは数カ月に及ぶと考えていた。彼らは戦が長期化すると睨んで、それに応じた戦略を立てていたのである。

しかし、結果は西軍、すなわち三成側の敗走に終わった。当の三成にしても意外な結末だったに違いない。この日の敗北は仕方がないとして、三成は決定的な過ちを犯している。それは、この緒戦ともいうべき一戦で、負けを認めてしまったことだ。三成が総大将として担いだ西国の将・毛利輝元は、大坂城で秀頼とともにまったくの無傷で陣取っていた。ここに逃げ込めばよかったのだ。

あるいは、自身の居城である佐和山城でもよかった。野戦と違って城攻めには時間がかかる。それらの城へ退却して時間を稼ぎ、第二次、第三次の関ヶ原の戦いで挽回する目はあったのだ。すでに大津の辺りまで、西軍最強とも言われた立花宗茂《たちばなむねしげ》らの軍勢も駆けつけていた。彼らと協働すれば、まだまだ戦えたはずなのである。これほどの規模の合戦が一日で終わるわけがない。しかし、関ヶ原で陣頭指揮をとっていた三成には、その辺の機微がわかっていなかったのではないだろうか。

なお、関ヶ原の戦いを左右したといわれるのが、小早川秀秋の西軍から東軍への裏切りだ。家康は、秀秋に決断を促すため、秀秋の陣の近くに威嚇発砲したといわれるが、これは地形的に考えて、まずあり得ないと考えている。

毛利輝元は野望など持ち合わせていなかった

三成の取り返しのつかない失敗に、重ねるようにして甘い見立てで時局を見誤ったのが、西軍の総大将だった毛利輝元である。

もともと毛利家は、信長の存命中に石山本願寺と手を結び、さんざん信長を苦しめてきた。本願寺の数少ない欠点だった補給路を確保することで、支援したのである。その信長が死ぬと、敵対していた秀吉には中立の立場を保ち、結果、配下となった。こうした働きによって、領土の大部分を安堵されている。

ここまでは輝元の名将ぶりがうかがえるところだが、実はその陰に、叔父の小早川隆景《たかかげ》の存在がある。隆景は、小早川家を継承した毛利元就の三男。次男の吉川元《きっかわもと》春《はる》とともに「毛利両川《りょうせん》」として、毛利家の当主である輝元を支えた知将だ。その才を高く評価していた秀吉は、五大老の前身となる有力大名の一角に、輝元と並んで隆景も入閣させている。

ところが、隆景が死んだことで、順調だった輝元の歯車が狂い始めた。隆景を失った翌年に秀吉が死去。そして三成の意を受けた安国寺恵瓊《あんこくじえけい》の説得によって、関ヶ原の戦いにおける西軍の総大将に祭り上げられてしまったのである。

よく誤解されていることだが、関ヶ原の戦いは、家康の率いる東軍と、三成の率いる西軍との戦いではない。正確にいうと、実は西軍の総大将は輝元なのである。さて、こうして大軍を率いて大坂へとやってきた輝元だったが、前線を三成に任せて、自身は秀吉の遺児・秀頼とともに大坂城にこもることになる。一歩も城を出ることはなかった。もし、三成が敗走したところで、輝元が出陣していれば、結果はまるで違っていたものになっていたかもしれない。

輝元の失敗はそれだけではない。輝元が陣を敷いていたのは、秀吉が築城した天下の名城である大坂城だ。多少のことでは落ちない堅牢な城である。そんな城に、豊臣家の切り札でもある秀頼を擁しながら、輝元はあろうことか、家康の「大坂城を出れば本領を安堵する」などという甘言に乗って、あっさりと城を出てしまったのだ。秀頼は、いわば錦の御旗である。秀頼さえ側にいれば、豊臣政権における正義は輝元にある。それを、まんまと家康に差し出すようにして渡してしまった。

輝元には、西国における勢力の拡大を図るべく、三成の誘いに乗ったといわれている。そこには、あわよくば豊臣政権の後釜として、毛利の天下を見据えたのだとする向きもある。

しかし、果たしてそうだろうか。堅牢な城にこもり、切り札たる秀頼を側に置いて、約二万もの兵に守られた大坂城を出るなど、愚の骨頂といわざるを得ない。そのような状況で敵方にあっさりと頭を垂れる人物が、覇を狙っていたはずもない。

その結果はご存知の通り。毛利家は本領の安堵どころか、九〇万石近くも領土を削られてしまった。残念ながら、輝元は野望を持っていたどころか、老獪《ろうかい》な家康の前では「人の好いお坊ちゃん」だった、ということだろう。

本郷和人が検証する　関ヶ原の戦いに関する定説

関ヶ原の戦いは誰と誰の戦いか？

慶長《けいちょう》五（一六〇〇）年に起きた、東軍・西軍と分かれての「天下分け目の戦い」である、関ヶ原の戦い。そもそも、関ヶ原の戦いとは、いったい誰と誰の戦いだったのだろうか。

東軍の大将はもちろん、徳川家康であることは間違いないだろう。ただ、西軍はどうだろうか。よく言われるようにいわゆる参謀役を務めた石田三成だろうか。それとも総帥の毛利輝元だろうか。

この問いに答えるには、徳川家康が何を目的に、誰を狙って戦を起こしたのかを考える必要がある。

家康が仕掛けたのは、豊臣政権に対する反乱である。つまりは、家康にとっての

関ヶ原古戦場

敵は、大坂にいる豊臣秀頼だった。その後の展開からもわかる通り、最終的には大坂城を占拠して秀頼を確保のうえ、自分が政権を握ることが目的だったのである。

　この構図は、南北朝の頃に同じく関ヶ原で争われた、青《あお》野原《のがはら》の戦い（一三三八年）によく似ている。東北から遠征してきた北畠《きたばたけ》顕家《あきいえ》の軍勢が、足利幕府の軍勢を攻撃、両軍は美濃の青野原で激突した。この青野原の別名が関ヶ原なのだ。

　北畠軍の目的は京都へと進軍すること。足利軍の目的は北畠軍の侵攻を阻止して京都を防衛すること。その防衛ラインは青野原すなわち関ヶ原だった。

関ヶ原の戦いにおける徳川軍の目的も、近畿地方に突入して、大坂城の秀頼を押さえることだった。これに対して、石田三成が最終的に防衛ラインを引いたのが関ヶ原だった。結果は、その防衛ラインを突破した東軍の勝利だったが、その目的からするとまだ終わりではない。立花宗茂は大坂城の毛利輝元に籠城戦を提唱したが、輝元は、領地は保全するという家康の嘘に騙され、大坂城を明け渡してしまった。

もし仮に、関ヶ原の戦いが徳川家康と毛利輝元との戦いであったならば、五大老のなかでの権力闘争という形になる。それならば、勝った家康は五大老筆頭の座を揺るぎないものとして、秀頼を守り立て、豊臣政権の維持に務めるはずだ。しかし、歴史はそうはならなかった。家康は豊臣政権を否定し、天下人となって、江戸幕府を開いたのである。

この場合、関ヶ原の戦いを主導したのは石田三成だったかどうか、ということもあまり関係ない。家康の主敵はあくまでも秀頼であり、豊臣政権を滅ぼし、自らの政権を樹立することだったのである。

では、三成の目的は何か。関ヶ原の戦いが家康と秀頼との戦いであると考えると、三成は純粋に、秀吉への恩で動いていたのではないだろうか。このままでは天下人の座を、家康に奪われてしまうと危惧していたのだろう。

さらに言えば、毛利輝元も野望を抱いていたかどうかは、輝元が家康のように豊臣政権そのものを壊そうとしていたかどうか、ということになる。毛利軍の四国・九州での展開や、大坂城入りなどを挙げて、その積極性を議論しても面白い。だが、豊臣政権を打倒し、毛利幕府を開くという野望を抱いていたかというと、そこまではなかったのではないか。

毛利としては、五大老の間での権力闘争として、あくまでも毛利が中心となる豊臣体制の確立を念頭に置いた、というくらいだったのではないだろうか。

公儀二重体制論と将軍権力二元論

教科書的理解では、関ヶ原の戦いの後、徳川幕府が誕生し、徳川家が政権を握ったと考えられている。

これに対して、関西の研究者を中心に「豊臣家は、大坂の陣で滅びるまでは徳川に相対する権力だった。当時は江戸と大坂に公儀は二つ存在したのだ」という「公儀二重体制論」が主張されている。

私はこの説は成り立たないと考えている。もちろん、福島正則《ふくしままさのり》や加藤清正《かとうきよまさ》など豊臣家恩顧の武将たちのなかには、大坂城へ出向いて、秀吉の息子である秀頼に挨拶にいくこともあっただろう。ただ、秀頼の権力は、江戸の公儀、すなわち幕府と対等のものであったと言えるのだろうか。

ここで考えたいのは、佐藤進一先生が提唱した「将軍権力二元論」である。室町幕府の足利尊氏・直義《ただよし》の兄弟は、兄は軍事、弟は政治をそれぞれ担当する二元制を取っていた。その後、両者は争うこととなり、尊氏の息子・義詮《よしあきら》が二代将軍となって軍事と政治の両方を担うことになった。

佐藤先生は、この史実から、将軍の権力は、政治と軍事という二つの権力からなると考えたのである。

政治と軍事のいずれもが一種の支配権であるが、前者は統治権的なのに対して、後者は主従制的なものである。

政治は日本列島を統治し、行政を担う。軍事は日本全国の武士を従えて、もし謀反などがあれば戦う。家来である武士（御家人）は主人である将軍に命をかけて奉公し、その御恩として将軍は御家人に土地を与える。

重要なのは、軍事を担う尊氏が将軍だったのに対して、政治を担う直義はあくまでも副将軍だったことだ。いわば将軍の条件とは、第一義に軍事の働き手である武士の棟梁であることなのである。

この将軍権力二元論を考えると、秀頼が日本全国に責任を持つ政策を行っていたかというと、皆無である。つまり政治的には何もしていない。軍事的にはどうかというと、秀頼が軍事活動をしていた様子もない。

そもそも、大坂の陣で豊臣家と徳川家が直接対決した際には、全国の三〇〇諸侯の大名のうち、秀頼に加勢した大名は一人もいなかったのである。

一方、徳川家康はというと、関ヶ原の戦いの後、いわば論功行賞を行い、各大名に領地を分配している。これは武士の世界では決定的なことである。この時点で、全国の大名と家康は主従関係を結んだと考えなければならないだろう。

このように見ていくと、軍事も政治も行っていない豊臣家が公儀二重体制の「公儀」を名乗れるはずがないのだ。結局、公儀二重体制論とは、将軍権力二元論を忘れた机上の空論にすぎない。

そもそも小早川秀秋への銃撃は聞こえない

関ヶ原の戦いの戦況を方向付けたのは、小早川秀秋の寝返りだったという話は、広く知られている。しかも、なかなか寝返らない小早川軍に対して、家康が鉄砲を撃って催促したという逸話も有名だ。しかし、これは本当にあったことなのだろうか。

まず関ヶ原の戦いがどのように行われたのかを見ていくと、京都・大坂を掌握しようとする家康の東軍が攻め方であり、それを阻止したい三成らの西軍が受け方である。

もともと三成が想定していた防衛ラインは尾張と美濃の国境付近だったが、織田秀信《ひでのぶ》の岐阜城が早々に陥落してしまい、大垣城に本陣を置いた。また南宮山《なんぐうさん》には毛利秀元《ひでもと》、長宗我部元親らを配置。さらに松尾山城に毛利輝元を入れて、万全の態勢に仕立てようと考えた。

ところが、すでに家康と通じている噂が立っていた小早川秀秋が味方の伊藤盛正《もりまさ》らを追い出して、松尾山に陣取ってしまったのである。

下手をすると三成の本陣がある大垣城は、松尾山の小早川、赤坂に本営を置く東軍の諸将らの挟み撃ちに遭う可能性が出てきたのである。そこで、三成は関ヶ原へと移動して布陣、家康らもこれを追って進軍した。

結果、一六〇〇年九月一五日、天下分け目の戦いへと突入したのである。

本来ならば、家康は野戦の名手であったので、三成は防御拠点を利用した戦いをしたかった。それが小早川軍の行動で崩れてしまったのだ。

だが、南宮山の毛利隊などの軍勢が下山して、家康本陣の背後を襲えば、逆に家

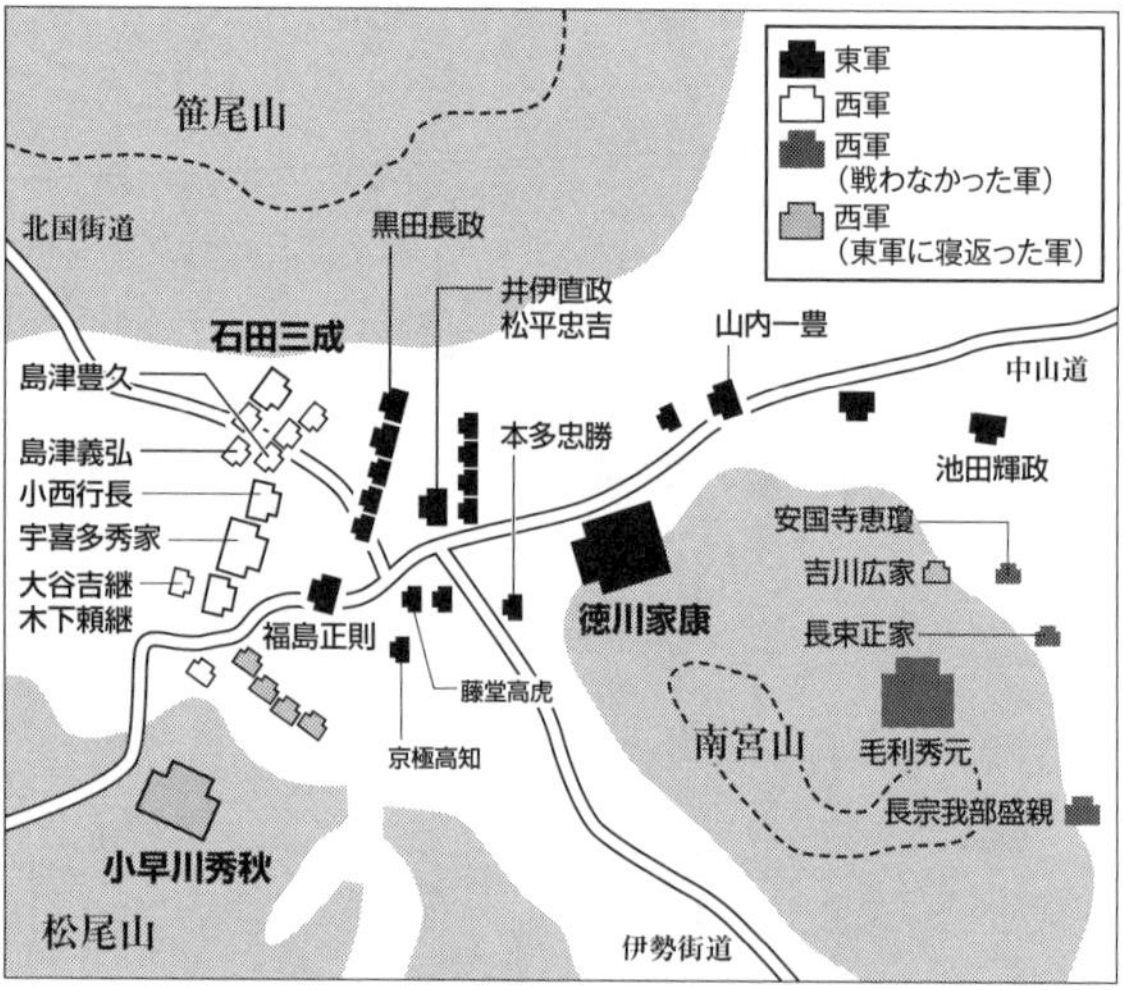

関ヶ原の戦い、両軍布陣図（編集部作成）

康を挟み撃ちすることもできる。家康が窮地に陥れば、小早川軍も西軍の味方をすることも考えられる。

ところが、家康は黒田長政《ながまさ》を通じて毛利家の執政・吉川《きっかわ》広家《ひろいえ》を調略していた。広家は南宮山に部隊を展開して、毛利隊の進軍を止める姿勢を示したのである。

こうして家康は背後を気にせず本陣を前進させ、三成らを打ち破った。小早川軍は、家康本陣の進軍に呼応して東軍の旗印を掲げたのである。

家康が業を煮やして、松尾山に鉄砲を撃ち込んだというが、戦況を見れば撃つまでもない。

私は実際に小早川軍のいた松尾山を登ってみたことがある。標高約三〇〇メートルの山頂からは、東西両軍がぶつかりあった付近を一望のもとに眺めることができる。まさに関ヶ原の特等席であるが、そもそも下から鉄砲を撃たれたとしても、おそらく銃声など聞こえないだろう。そのため、小早川秀秋への家康による銃撃は後の世の作り話ということになる。

とはいえ、小早川軍の寝返りが、戦局を決定づけたのは確かだ。家康の調略によって、あれだけいた西軍のうち、戦闘に参加したのは石田三成、小西行長、宇喜多《うきた》秀家《ひでいえ》の軍くらいで、他はほとんど戦っていない。

怪しいと思っていた小早川が実際に裏切り、大谷吉継《おおたによしつぐ》の軍勢は全滅してしまった。関ヶ原で西軍が崩壊する前に、佐和山城や大坂などに退却していれば、部分的には違う戦いもできたという考えもあるだろうが、それはやはり小早川秀秋の寝返りによってできなかったのである。

大坂の陣に関する「定説」

豊臣氏を滅ぼした戦い

慶長一九（一六一四）年冬と、翌年の慶長二〇（一六一五）年の二度にわたって行われた大坂の陣は、徳川氏が豊臣氏を滅ぼした戦いと言われている。

関ヶ原の戦いの後、朝廷から征夷大将軍に任命され江戸幕府を開いていた徳川家康にとって、幕府の権力の安定を図るためには、なんとしても豊臣氏を排除しなければならなかった。そこで家康はまず、豊臣氏の財力を消耗させるためさまざまな公共事業を行わせる。そのなかで方広寺《ほうこうじ》の鐘銘に刻まれた「国家安康」の文字が「家康」を二つに分断しているという難癖をつけ、豊臣氏を挑発し（方広寺鐘銘事件）、大坂冬の陣のきっかけを作った。

徳川軍は大坂城を包囲するが、真田丸を構えて頑強に抵抗する真田信繁《のぶしげ》（幸村《ゆきむら》）

●大坂の陣に関する「定説・仮説」

定 方広寺鐘銘事件陰謀説	方広寺の鐘銘に彫られた文字が自分を呪ったものだと、家康が大坂方に因縁をつけたことが、大坂の陣の引き金になっているとする説。すでに「定説」化しつつある。
仮 真田信繁(幸村)忠臣説	敗色濃厚となった大坂方に残って戦った信繁を、かつての楠木正成のような忠臣と見る向きもある。しかし本人は「死に花を咲かせる」という武士の生き方を全うしただけではないかとの意見も一般的だ。
仮 家康戦死説	大坂夏の陣で徳川家康が豊臣方の武将（後藤又兵衛とも）に殺されたとする説。堺市の南宗寺に残された異伝が根拠となっているようだが、根拠には乏しいようである。

定は教科書などに書かれた「定説」　仮は一部の研究者の説や一般論としての「仮説」

などの攻撃に手を焼き、攻めるのをやめて講和を成立させる。そして、講和条件を無視して大坂城の内堀の埋め立てなどを強行、城を無防備にしたうえで、さらに秀頼に転封を命じるなど、豊臣氏を圧迫した。

家康による挑発と圧力に耐えかねた豊臣方は、冬の陣の翌年、再び徳川方と戦闘状態に入る。しかし防備を無力化された大坂城から出て夜戦などを展開するしかなかった豊臣方は、相次いで敗北。最後は大坂城も陥落し、秀頼と淀殿《よどどの》が自刃して、豊臣氏は滅亡した。

本郷和人が検証する 大坂の陣に関する定説

方広寺鐘銘は家康のこじつけ

古代ギリシャの哲学者ヘラクレイトスの考え方で、「戦いが王を作る」というものがある。戦争に勝つことで、勝者は正統性を得る。勝ち残った人間こそが、王となるのだ。

日本の場合、トップに君臨するためには「世襲《せしゅう》」というものが大きく関わっている。基本的には世襲により、後継者として正統性を得るという方法が取られてきた。その最たるものが天皇だ。

しかし、元を辿れば、最初の天皇が天皇となったのは、大和地方での戦いに勝ったからである。先にも述べた通り、天皇とは大王であり、武力によって諸豪族を従えた存在だった。

武士の勝者は、天皇から付加価値を与えられる。その付加価値とは、鎌倉時代や室町時代では、将軍に任命されることだ。豊臣秀吉は関白に任命されたが、のちに甥の秀次《ひでつぐ》に譲っている。しかし、天下人は秀次ではなく、秀吉であることは誰も疑わないだろう。秀吉は、主君・織田信長を討った明智光秀を破り、織田家臣団のなかでのライバルだった柴田勝家も倒した。滝川一益を降伏させ、徳川家康すら屈服させたのである。秀吉が天下人となったのは、やはり戦いで勝ち続けたからだ。

徳川家康もまた、勝ち続けることで天下人となった。天皇から征夷大将軍に任命されたからではない。それは建前にすぎない。あくまでも、関ヶ原の戦いという天下分け目の戦いを引き起こし、これに勝利して、全国の武士を家来にしたからこそ、天下人になれたのである。

そうなると、家康が天下人になるには、秀頼と戦をしなければならなかった。それが関ヶ原である。その上で、政権を安定させるには豊臣家を潰してしまいたいというのが本音である。戦をするための大義名分があれば、理由はなんでもよかったのだ。大坂の陣の発端となった方広寺の鐘に刻まれた「国家安康」「君臣豊楽」の銘は、戦をしたい家康のこじつけであり、いちゃもんであったということになる。

関ヶ原に秀頼がいれば、戦況は変わっていた

戦いが王を作る、ということであれば、先述したように、軍事力を担う者こそが公儀なのである。だから豊臣秀頼は第一に軍事活動を行う必要があった。やはり戦に勝たなければ、武士たちには認められないのである。

また、関ヶ原の戦いに豊臣秀頼が参陣していれば、戦況はかなり違っただろうと考えられる。福島正則など豊臣家恩顧の大名たちは、秀頼に対して矢を射ることはさすがにできなかっただろう。

まだ子供だった、では通用しない。秀頼はすでに元服をしていた。ならば責任のある立派な大人だ。武士ならば、やはり戦争に出て、勝たなければならない。

大坂の陣も、どう考えても秀頼が出てくるべきである。この期に及んでは、負ければ殺されてしまうような戦だ。「危ないから出てっちゃダメ」では、武士の棟梁

真田幸村像

は務まらないのである。

真田幸村「セミ人間」説

大坂の陣に集った武将たちは、内実、どんな人間たちだったのだろうか。

冬の陣に大坂城入りした武士は一〇万人とされている。いずれも全国の食うに困っていた浪人たちだ。先述した「戦いが王を作る」というヘラクレイトスの言葉から考えると、大坂城に入った浪人たちは、「もしかするとワンチャン（ワンチャンス）あるかも」と結集したわけである。

その一〇万人が徳川軍と実際に戦った。ところが、全国の三〇〇諸侯の大名たちは、一人として大坂方に味方する者はいなかった。

そうなると、集った浪人たちも「これはワンチャンないな」と思ったことだろう。大坂冬の陣の講和が行われ、堀は埋められ、真田幸村が奮闘した出城「真田丸」も、二の丸、三の丸も破壊された。大坂城の本丸は裸城となってしまったのだ。これでは絶対に勝てない。

大坂城に集った一〇万人の浪人たちはどうしたか。

およそ五万人は、勝ち目のない戦と悟って、このまま城にいたら殺されてしまうと考え、逃亡してしまう。織田信秀の息子で、信長の弟にあたる織田有楽斎《うらくさい》（長《なが》益《ます》）も夏の陣が始まる前に、大坂城を退去している。

ところが残りの五万人は大坂に残ったのである。

彼らはみな、戦場で生きてきた人間たちである。だから、豊臣方は絶対に勝てない、ここで死ぬだろうということがわかっていた。それでもなお、残った人間たちだ。「戦のない時代がやってきてしまった。しかし、戦争しか能のない自分は、再就職は無理だろう」と覚悟した者たちである。「だったら侍らしく死にたい」と、最後に死に花を咲かせることを求めて、大坂に残ったのではないだろうか。

この浪人たちをまとめ上げたのが、有名な真田幸村である。私は半ば冗談で、真田幸村を「セミ人間」と言っている。幸村という人間の生涯を見ると、ずっと有名になることとは無縁に生きてきたのである。それが、人生の最後の最後で、大坂の陣という戦一つだけで有名になった人物だ。

だから、これはセミのようなもの。土の中に七年過ごし、最後の一週間だけ外に出て、しきりにミンミンと鳴く。だから、真田幸村はセミのような人間、というわけだ。

大坂の陣で、幸村についたのは全国のただの浪人たちである。真田家とはなんの縁もゆかりもない人たちだ。そのような浪人たちをうまくまとめ上げて、軍事行動をするわけだから、非常に優秀な人物でないと無理だろう。

その意味でも、真田幸村は「英雄」にふさわしい、優れた人物だったと思う。

井沢元彦が検証する　大坂の陣に関する定説

鐘銘事件が幕府による言いがかりである証拠

関ヶ原の戦いで勝利した家康は、もはや豊臣政権の一家臣ではなくなった。江戸幕府を創設し、征夷大将軍に任命され、さらに将軍職を秀忠《ひでただ》に譲ることで、天下は徳川のものと宣言した。なかには、いまだに豊臣恩顧の大名がそれを不服としていたが、公然と家康に逆らえる者はほとんどいなかった。

しかし、用心深い家康のこと。彼が常に悩まされていたのが、そんな秀吉の跡継ぎである秀頼の存在と、秀吉の遺した莫大な遺産であった。これらがある限り、いつ何時、秀頼が不満分子を結集させて家康による国家を転覆させようと動き出すかわからなかった。

そこで家康は、淀殿・秀頼の母子に、戦乱で焼かれた多くの寺社を豊臣家の手で復興させてはどうかと持ちかけた。それが太閤《たいこう》（秀吉）に対する供養になる、とでも言ったのだろう。これに母子は素直に応じた。二人からすれば、徳川との融和を図ろうという思惑もあったかもしれない。多くの寺社が再建されたが、それは取りも直さず太閤の遺産が莫大なものだったということに他ならない。

こうした再建事業で最も多くの資金を注ぎ込まれたのが、方広寺であった。そもそも方広寺は秀吉が東大寺よりも大きな大仏を造るつもりで建てられたものだが、完成間近で地震で倒壊している。秀頼は、父の秀吉が木造仏で試みたものを、なんと金銅仏で仕上げようとしていた。意気込みのほどがうかがい知れるというものだ。

ところが、方広寺はまたしても完成間近で問題が起きる。かの有名な「鐘銘事件」である。大仏殿の梵鐘《ぼんしょう》に刻まれた「国家安康君臣豊楽《こっかあんこうくんしんほうらく》」は、家康の名を分断し、豊臣の栄えを願うものだ、として幕府からクレームがついたのだ。いくら何でも、こんな無茶な読み方はない。要するに言いがかりである。このような説に、幕府の顧問ともいうべき儒学者の林羅山《はやしらざん》も賛同したというから呆れるばかりだ。

なぜ、言いがかりといえるのか。実は、この鐘銘の文言は、事前に林羅山以下の学者が目を通している。もちろん、家康もだ。彼らがよしとしたから、銘文を入れて鋳造されたのだ。もし文句があるのなら、鋳造前の事前確認の際に言えばいい。しかし、彼らはそうはしなかった。なぜなら、言いがかりをつけたかったからだ。

さらに決定的なことがある。もし鐘銘が本当に問題であったならば、大坂の陣の終戦後にでも、この梵鐘は鋳つぶすか、問題の銘文の部分を削り取るかするはずだ。ところが、この梵鐘は無事に生き残り、今も方広寺で見ることができる。幕府が実は問題視などしていなかった、明らかな証拠といえるだろう。

「負け組」の真田信繁が英雄となった理由

徳川家康が豊臣家殲滅に動いた大坂の陣。豊臣秀吉の死から一六年が経過した時機での開戦となったわけだが、なぜこのタイミングになったかというと、豊臣恩顧の大名がほぼ死に絶えたことも大きな理由の一つだろう。

加藤清正、浅野幸長《あさのよしなが》、前田利長《まえだとしなが》といった面々は関ヶ原の戦いでは東軍に味方し、家康軍の勝利を助けた。戦後、世の中が家康の天下に大きく傾いていく様子を、彼らがどのような気持ちで眺めていたか。そのような時世にあっても、彼らは最後まで豊臣家存続を望んでいた。秀吉の跡を継いだ秀頼が天下の覇者にはなれなくても、せめて生き延びてほしい。徳川政権のなかの一大名としてでも、存在してくれればいい。それが秀吉への恩義の表し方だと考えていたのである。

ところが、家康にとって「幸運な偶然」なのか、「作為」によるものなのかはわからないが、こうした豊臣恩顧の大名らが次々とこの世を去った。なかでも、加藤清正の死は毒殺ではないか、とも言われたほどタイミングがよすぎた。

いずれにせよ、家康が豊臣家に行動を起こし始めたのは、彼らが亡くなってからだ。唯一、福島正則が生き残ってはいたが、ほとんど力は残されていなかった。

だから、豊臣家への軍事行動である大坂の陣が勃発した際、秀頼に味方しようという大名は一人もいなかった。豊臣方につこうというのは、世に溢れた浪人たちばかり。つまり、江戸の世では「負け組」に属することになってしまった武士たちだけだったのである。彼らは何より戦争を待ち望んでいた。平和な世の中になると、槍働き一つで出世する望みはない。「負け組」から「勝ち組」へと転じることのできる、千載一遇の好機が戦争だったのである。

この「負け組」のうちの一人が、真田信繁だった。関ヶ原の戦いの際に、父・昌幸とともに上田城に立てこもり、徳川軍の主力といわれた三万八〇〇〇もの秀忠軍を釘付けにして、関ヶ原の本戦に向かわせなかった武将だ。しかし、戦後、この功績が仇となり、領地を奪われ、紀州の九度山《くどやま》に父子ともに幽閉となった。本来なら殺されてもおかしくなかったが、家康方についた兄の信之《のぶゆき》の必死の助命嘆願によって、命を救われたのだった。長い幽閉生活のなかで、父は失意のうちに病死。彼にとって、大坂の陣はまさにこうした境遇をひっくり返すためのチャンスであった。

一〇年以上にわたる不遇の鬱憤を晴らすかのように、信繁は活躍した。冬の陣では真田丸と呼ばれる出丸で多くの徳川兵を倒した。夏の陣では、家康の首まであと一歩というところまで追い詰めている。家康は、かつて一度だけ完膚なきまでの敗戦を味わわされた武田信玄との三方ヶ原《みかたがはら》の戦いを思い起こしたかもしれない。後にも先にも、家康をここまで追い詰めたのは、信玄以外では信繁しかいない。そして、死刑にせず、流罪にしたことを後悔したことだろう。この活躍を伝え聞いた島津《しまづ》家当主の島津忠恒《ただつね》は「真田日本一《ひのもといち》の兵《つわもの》、古《いにしえ》よりの物語にもこれなき由《よし》」と褒め称えた。

しかし、信繁の奮戦もここまで。数に優る家康軍は徐々に盛り返し、攻撃を真田軍に集中すると、信繁らは瓦解。疲れ果てた信繁は、討ち取られた。

信繁の名は幸村と改められて、広く知られるようになった。家康の敵だったはずの幸村の活躍譚は後に講談にもなり、幕府によって禁じられることもなかった。庶民のガス抜きといった側面もあるだろうが、権力者に一泡吹かせた英雄として人気を獲得していった。このことから、「幸村」は虚構の世界での名前だと思われているが、私はそうは思わない。信繁という名は、武田信玄を守って戦死した弟の名にあやかったものだ。しかし、兄と対立することになった以上、名を改めねばならない。一方、兄の信之は、関ヶ原の戦いの時に父と信繁と袂を分かったことで、「信幸」から「信之」と名を改め、「幸」の字を捨てた。「幸」は真田家の長男に与えられる一字。おそらく、信繁はこれを拾って「幸村」を名乗ったのだ。「幸村」と署名された史料はない。が、改名した可能性は高いと考えている。

検証12

島原の乱に関する「定説」

天草四郎は何者か？

島原の乱は、寛永一四（一六三七）年に起こったキリシタンの農民一揆で、島原・天草の乱、島原・天草一揆ともいわれている。

島原・天草地方には多くのキリスト教徒がいたが、それぞれの藩の領主は徹底した禁教政策をとり、年貢の取り立ても厳しかった。

この圧政に反抗した農民は、天草四郎時貞《あまくさしろうときさだ》を総大将に立て、島原半島にある原城《はらじょう》に立てこもり、幕府軍と戦った。しかし善戦むなしく、武器・食料が尽きてやがて敗北した。

島原の乱に関しては、そもそもこの戦いが農民一揆なのか、宗教戦争なのかという定義についての論争がある。また、一揆を支援したといわれるポルトガルと、当

●島原の乱に関する「定説・仮説」

仮キリシタン殉教説	潜伏キリシタンが、キリシタンへの弾圧に反発して乱を起こしたとする説。
仮農民一揆説	領主の過酷な年貢取り立てに不満を持った百姓が、旧有馬氏の家臣などの下に結集し、反乱を起こしたという説。
定複合要因説	キリシタンと農民の利害が一致し、協力して反乱を起こしたという説。現在ではこれが「定説」化しつつある。
仮天草四郎虚構説	総大将となった天草四郎の本名は益田四郎時貞といい、地元の豪族であると言われる。しかし戦後、その首が発見できなかったことなどから、架空のリーダー、もしくは複数の人物が四郎の役割を担っていたとする説もある。

定は教科書などに書かれた「定説」　仮は一部の研究者の説や一般論としての「仮説」

時覇権を争っていたオランダとの間での駆け引きも行われており、最終的に幕府に協力して原城を砲撃したオランダが、鎖国後の日本と交易を行う権利を得た。

そして島原の乱最大の謎ともいえるのが、天草四郎という存在がどんなものであったのかということだ。地元の豪族の息子ともいわれているが、なぜ歳若くして農民たちのリーダーとなり得たのかという疑問についても、的確な「定説」は出ていない。

これらの諸点についての仮説検証を試みてみた。

本郷和人が検証する 島原の乱に関する定説

島原の乱は平等を求める最後の戦いだった

寛永一四～一五（一六三七～三八）年にかけて、島原《しまばら》藩や唐津《からつ》藩の圧政に苦しむ人々が起こした大規模な反乱を、島原の乱と呼ぶ。最終的には、島原半島の突端にある原城に立てこもった一揆勢は皆殺しにされるという、壮絶な最期を迎えた。

そもそもこの反乱の主体は何だったのか。キリスト教信者であるキリシタンによる一揆、百姓（農民）による一揆、浪人となった武士たちによる反乱、と複数の見方がある。島原の乱における最後の攻撃の様子を描いた「島原の乱図屏風」があるが、そこには農民の姿だけでなく、武士と思われる人物も描かれ、キリシタンの旗も翻っている。どれが一揆の中心なのか、読み取ることができない。

このような混成状態は、当時の状況を考えると当然かもしれない。天正一六

（一五八八）年、豊臣秀吉の命で刀狩りが行われ、武士と農民を明確に分ける兵農分離が行われたとされてきた。しかし、近年では刀狩りは、不徹底で限定的でしかなかったとする説も唱えられている。これに従うと、江戸時代にも刀や鉄砲で武装する農民がいたということになるだろう。

見方を変えて説明しよう。当時の農村には、半分農民で半分武士のような人たちがいた。秀吉の時代に「武士になるか、農民のリーダーになるか」を問われた。すなわち、武士になることを選んだ人々も、土地に根ざして生きていた本性を捨てきれずに保っていた、ということだ。

例えば、山崎の戦いで敗れた明智光秀は、落ち延びる途中で、「土民」たちに殺されている。この「土民」とはどんな人たちだったのかというと、まさに半農半武士だったのではないだろうか。私は彼らを、平穏に土地を耕しているだけでなく、時に武器を持って隙があるならば武士にすら襲いかかるような、戦闘的な性格を持った人々だったと考えている。

原城跡では現在も多くの骨が出てくるが、ローマ教皇庁は彼らを殉教者とは認めていない。その宗教性に疑問符がついているからだ。原城に立てこもった人たちの信仰とは、純粋なキリスト教徒の信仰とは、少し違うものだったのかもしれない。

一揆勢が皆殺しに至るまでの過酷な状況をどのように戦い抜いたかを考えると、そこにはやはり人知を超えた何らかの存在にすがったことは間違いないだろう。一言で言うならば、それは「神の前の平等」だったのかもしれない。

神の前の平等とは、阿弥陀仏《あみだぶつ》の前での平等を説く一向宗《いっこうしゅう》（浄土真宗《じょうどしんしゅう》）の教えと類似しており、当時の宣教師もそのような見解を持っていた。キリスト教は、神を信じて善行を積めば、天国に行くことができると説く。他方、一向宗も一向（ひたすら）に阿弥陀仏に帰依して、南無阿弥陀仏と唱えれば、西方浄土に往生できると説いている。

戦国時代には、大名を脅かすほどの勢力となって、多くの一向一揆が勃発している。多くの戦国大名は一揆勢を全滅させるには至らず、それぞれ妥協点を見出したが、一人織田信長だけは、時には虐殺も厭《いと》わずに一向一揆を打ち滅ぼした。

江戸時代になると、徳川家康は浄土真宗の本願寺を二つに分けて、勢力を分散させることでその弱体化を図った。その後、江戸時代は士農工商の身分社会になっていく。身分の違いは超えられない壁として立ちふさがり、決して「平等」な社会ではなくなった。だがその一方で、戦争がなくなり犯罪も取り締まられるようになった。「平和」な社会になったのも確かである。江戸時代に入ると、飛躍的に人口が増えていったのも、平和であることの価値が高かったと言えるだろう。

こうした歴史の流れを考えたとき、島原の乱とは、一向一揆と類似した一揆ととらえ、それはまさに「平等」を求める最後の戦いだったと言える。

乱の後には、島原藩の松倉《まつくら》氏は改易となり、藩主の勝家《かついえ》は斬首となっている。唐津藩の藩主・寺沢《てらさわ》堅高《かたたか》も領地を没収され、自害している。幕府は正式に彼らの非を認めているのだ。それぞれの藩主が領民に対して厳しく税を取り立て、さらにはキリシタン弾圧や拷問《ごうもん》を行ったりしたことは間違いない。

これに対して、キリスト教徒だけでなく、農民や浪人たちを含めた広範な連合体が生まれ、平等を求めて決死の戦いを繰り広げた、ということではないだろうか。

この意味では、一向一揆と同様に、キリスト教徒の「神の前の平等」が、島原の乱を戦った人々の、精神的な支柱だったと言えるかもしれない。

現地の人から聞いた話では、島原の乱を戦った人々は、やみくもに原城に立てこもったわけではない。必ず味方の助けが来る、後詰《ごづ》めが期待できる状況があった、という。その後詰めは何かと言うと、ポルトガルの軍勢で、いわゆるキリスト教勢力だ。ところが、やってきたのはオランダ船で、しかも原城に対して砲弾を撃ち込んできたため、その望みは潰えたのだ、という。

それがどこまで本当のことかはわからない。ただ、島原の乱が敗北と死を覚悟したただの農民一揆だった、というのはやはり違うのではないか。あそこまで苛烈に戦い続けるからには、援軍ということも含めて、キリスト教の存在は、かなり大きな意味があったと私は思っている。

天草四郎はAKB48だった

この島原の乱には、天草四郎時貞という少年が総大将として立てられたことは、よく知られている。

だが、熊本大学名誉教授の吉村豊雄《よしむらとよお》氏の研究によれば、天草四郎は一人の人物を指すのではなく、複数人からなるチームを指していたという。今でいうなら、AKB48のような存在だったわけである。

すなわち、同じ年恰好の少年たちが、同じ天草四郎という名前であちこちに派遣されて、一揆勢を鼓舞したのだ。

実際に島原の乱を戦った複数の藩では、「我が藩が天草四郎を捕まえて、首を刎《は》ねた」と記録している。

天草四郎が一人であろうと、複数人であろうと、どちらにせよ、彼はシンボルであることには変わりはない。そもそも天草四郎が反乱を引き起こしたわけでもないのである。

反乱のアイドル（偶像）として、利用されたのである。それは官軍が戦いの際に掲げる錦の御旗のような、戦いをするためのお御輿だったのだ。それならば、何人いても構わないということになるだろう。

井沢元彦が検証する　島原の乱に関する定説

民衆の心を掴んだ若く美しいリーダー

天草四郎時貞という人物は、日本史を見渡してみても、特異な人物である。このようなタイプの武将は、日本においては見かけない。あえて言うのならば、世界史におけるジャンヌ・ダルクのような人物だろうか。

四郎の本名は益田《ますだ》という。父は元肥後南半国の領主・小西行長の旧臣であった。行長は有名なキリシタン大名であるが、関ヶ原の戦いの折に石田三成に味方したため、戦後、徳川方に捕縛され処刑された。

つまり、益田一族にとって徳川あるいは幕府というのは旧主の仇ということになる。

島原の乱で軍事顧問のような存在だったのが、小西家の旧臣であった。彼らによ

天草四郎像

って祭り上げられたのが、益田家の時貞。つまり、四郎だったわけである。

では、なぜ彼が反乱のリーダーとなったのか。

まず、彼はとても美しい風貌だったらしい。死んだ時は数えで一六歳だったというから、まだどこか幼気の残る美少年だったのだろう。

そんな彼がカリスマ的リーダーになり得たのは、彼の起こす奇蹟が根拠となっている。有名なものは、天からハトが舞い降りてきて、四郎の手のひらで卵を産んだ。さらにその卵を割ってみると、中から聖書の一節が出てきたという。

このような「奇蹟」を目の当たりにした民衆が、四郎に心酔するようになっていったらしい。

この若く美しいリーダーが勇ましく戦場で指揮する様は、映画やドラマといった創作の世界で絵になるので、さまざまに描かれてきた。反乱を起こした指導部の狙いもまさにそこで、四郎をカリスマ的なリーダーに仕立て上げることで、単なる領主に対する百姓一揆だったものが、キリスト教を禁じる幕府に対する、一大抵抗運動へと激化していったのだ。

そもそもは単なる百姓一揆だった

そもそも島原の乱とはどのようにして起こったものなのか。

反乱の火の手が上がった肥前国《ひぜんのくに》島原というのは、元はキリシタン大名である有馬《ありま》晴信《はるのぶ》の領地であった。キリスト教信仰の中心地であったわけだが、晴信の後、新しく領主となった松倉重政《まつくらしげまさ》はここに大きな城を建てることにした。なんのためにここまでの巨城が必要なのか、分不相応なのではないか、と民衆から揶揄《やゆ》されるほどの規模であり、その工事に駆り出される住民は疲弊していった。彼らの不満が暴発するような形で一揆が起こったのは、こうした状況下であった。

一方、唐津藩でも、領主の寺沢堅高による圧政が人々を苦しめていた。島原での反乱は、すぐにこちらにも波及した。

大坂の陣以降、どこの藩にも仕えることのできない「浪人」はますます増えていた。すでに戦争がなくなっていたために、彼らは力ばかりが有り余っていた。つまり、失業した軍人が世に溢れていたのである。彼らのような失業者に対する対策を、幕府が何も打てずにいた。島原の乱の中心にあるものとは、そもそもはこうした弾圧に対する不平不満の爆発による百姓一揆だったのである。そこに力を貸したのが、小西の残党だったわけだ。

幕府が苦戦を強いられた、死をも恐れぬ宗教一揆

当初百姓らをバックアップしたのはスペイン、ポルトガルなどの外国勢力であったかもしれないと私は考えている。彼らは日本に対する領土的な野心を持ち合わせていた。そんななか、この戦いに参戦したのがキリシタンだ。

そもそも幕府がスペインやオランダといったヨーロッパ諸国と関わりを持ちたがったのは、鉄砲や火薬といった、当時最新鋭の武器を手に入れたかったからだ。ところが、戦争のない世の中になると、武器が必要なくなる。

後に残るのは、こうした国々の宣教師たちである。彼らの布教するキリスト教の信者が増えてくると、今度はこうした外国勢力の手先となって幕府に反乱を起こす

原城跡

のではないか。こうした疑念を背景にして、幕府はキリスト教を禁止するようになった。つまり、民衆は圧政に苦しむばかりか、信教の自由まで侵され始めていたのだ。百姓らが鋤《すき》や鍬《くわ》を手に反乱を起こした時に、キリシタンがこれに参戦するのは、当然の成り行きだったといえる。

　そこへ登場したのが、天草四郎時貞だったのだ。彼らの反乱は、宗教の要素が加わることで、ますます強固になっていく。宗教一揆というのは、死をも恐れぬ人々が大半のため、鎮圧にはかなり手を焼くことになる。それは、古今東西、どのようなケースでも見られることであり、事実、国内においても信長、秀吉、家康といった三天下人でさえ、本願寺の信徒による一向一揆に苦戦を強いられている。

幕府も当初は島原の乱を甘く見ていた節がある。百姓たちは、海に突き出たところにある原城に立てこもっている。当然、天然の要害としての地形を利用したのであり、そこには最低限の「戦略」がうかがえる。

そうした原城に二度も総攻撃を仕掛けて、幕府軍はいずれも失敗している。しかも、二度目の総攻撃の際には、総司令官の板倉重昌《いたくらしげまさ》が討ち死にするという大失態をさらしているのだ。

ここでようやく幕府が本腰を入れた。新たに司令官に抜擢されたのは、「知恵伊豆」とあだ名されていた切れ者の松平伊豆守信綱《まつだいらいずのかみのぶつな》である。

彼は、原城にオランダ商船からの砲撃をさせている。これは、単なる攻撃ではない。外国の援助は期待できないぞ、というデモンストレーションである。キリシタンたちが外国からの支援を頼りにしていたことを逆手に取ったのだ。これで、城内の士気をくじいた。もっとも、「外国の手を借りるとは何事」という悪評が立ったため、すぐに打ち切られはしたが。

次に幕府がとった策が兵糧攻めだった。攻撃をしてもびくともしない一揆勢だったが、兵糧攻めについては効果があった。反乱軍は約三万ともいわれる人数に対し、備蓄の食料をほとんど用意していなかったのだ。

兵糧が尽き、城内に立てこもる人々の体力もそろそろ限界、といった頃合いを見て、幕府は三度目の総攻撃を仕掛け、皆殺しにした。今でも原城跡地では、大量の骨が出土するという。

島原の乱とは、もともとは圧政に苦しむ百姓たちの一揆で、それに浪人たちが加わり、弾圧されていたキリシタンたちも介入したことで、歴史に名を残す凄惨な結末を迎えることになった、といえよう。

ちなみに、この乱の後、キリシタンたちは表立って信仰を表明することができなくなり、潜伏キリシタンとして明治にいたるまでひっそりと神への祈りを捧げていくことになる。

徳川歴代将軍に関する「定説」

ここでは、徳川将軍の中の何人かをピックアップし、彼らにまつわる「定説」を検証していきたい。

犬公方と米将軍

たとえば第五代将軍・徳川綱吉《つなよし》は、生類、特に犬を保護する「生類憐《しょうるいあわれ》みの令」を幕府の法令とし、犬公方と呼ばれた。朱子学を官学とするなど文治政治を行う一方、勘定奉行荻原重秀《おぎわらしげひで》による貨幣改鋳などで治世は乱れたが、元禄文化の繁栄をもたらした。

第八代将軍・徳川吉宗《よしむね》は、江戸の三大改革のうちの享保《きょうほう》の改革のところでも述べるが、米相場を中心とする改革を行ったことから「米将軍」などと呼ばれた。増税と質素倹約による幕政改革、新田開発、公事方御定書《くじかたおさだめがき》の制定、庶民の意見を取り入

●徳川歴代将軍に関する「定説・仮説」

(定)徳川綱吉	第五代将軍。生類憐みの令の発布や、生類、特に犬の過剰な保護などから「犬公方」と言われ、異端視されてきた。しかし近年は、その政策を再評価する向きもある。
(定)徳川吉宗	第八代将軍。米相場を中心とする改革を行ったことから「米将軍」などと呼ばれた。増税と質素倹約による幕政改革を推進し、一時は幕府財政を立て直すが、そのストイックな政策が家臣や庶民から煙たがられる向きもあった。
(定)徳川家斉	第11将軍。大御所時代も含め最長の在任期間を誇るが、幕政にはあまり熱心でなく、逆にそのことが化政文化の発展などをもたらし、後世で評価された。

(定)は教科書などに書かれた「定説」　(仮)は一部の研究者の説や一般論としての「仮説」

れる目安箱《めやすばこ》の設置、そして大岡忠相《おおおかただすけ》の登用などを行った。

子だくさんで知られる第一一代将軍徳川家斉《いえなり》は、老中松平定信《まつだいらさだのぶ》が寛政《かんせい》の改革を行ったときの将軍でもある。定信の失脚後に、側近の水野忠成《みずのただあきら》が老中首座になると、田沼時代末期のような賄賂政治が行われたが、一方でこの時代には化政文化も発展した。隠居後も大御所として君臨し、五〇年近くにわたって幕府の実権を握った。

これらの将軍に関する定説、それに対する実際の評価などを検証していきたい。

井沢元彦が検証する　徳川歴代将軍に関する定説

天下の悪法を発令した徳川綱吉は暗君か

徳川家康の開幕した江戸幕府は、二六〇年にもわたる太平の世をもたらした。家康が知恵をこらした、さまざまな政策がこの結果に結びついていることは言うまでもないことだろう。

この二六〇年の間、家康を除けば一四人の将軍がいる。全員が全員、家康のような名君だったというわけでもないだろうが、なかには不当に「暗君」とか「バカ将軍」などといわれている将軍もいる。

世間の評判がどうあろうと、まず間違いなく「稀代の名君」であると私が考えているのが、五代将軍・徳川綱吉だ。

綱吉にはどのようなイメージがあるだろうか。おそらく真っ先に「生類憐みの令」

を強行したバカ殿というのがほとんどだろう。生類憐みの令とは、貞享二（一六八五）年から宝永六（一七〇九）年まで行われた、動物愛護の法令のことだ。生き物を殺したら重い罪になるというもので、特に犬に対しての愛護は著しかった。

江戸幕府が編纂した徳川家の公式記録である『徳川実紀』によれば、現在の東京都中野区辺りに作られた、東京ドーム二〇個分という広大な広さを誇った犬屋敷には、一〇万頭の野犬が保護されていたとある。ことのほか犬を大事にしたのは、綱吉が戌年であったからだ、とさえいわれている。しかも、犬屋敷の一年間の維持費は一〇万両だったというから、庶民のなかには納得のいかない者も大勢いたに違いない。

確かに生類憐みの令は、天下の悪法として今も広く知られている。しかし、綱吉の治世は約三〇年。その間、綱吉は生類憐みの令に関する法令を一三五回も出している。ここからは綱吉の並々ならぬ決意が感じられる。ただのバカ将軍ならば、「犬を殺したら死刑」と言えばいいだけのことなのに。

実は、綱吉の真の狙いは犬の愛護などではない。生きとし生けるもの、すべての生命の尊重なのである。どういうことか。

戦国時代というのは、血で血を洗うような殺し合いの時代だ。兵は敵を殺し、その首を掻っ切ることで、自分の手柄とした。首の数は多ければ多いほど高く評価される。豊臣秀吉の朝鮮出兵の時などは、首だとかさばるからといって、耳を削いで持ち帰っていたぐらいだ。これは、いいとか悪いとかの問題ではない。最大限に人権が重んじられる今日とは違い、当時の常識がそうだったというだけのことだ。

江戸時代が始まり、合戦がなくなったからといって、こうした気風がピタリと止むことなどあり得ない。何か揉め事があればすぐにでも殴り合いのケンカや殺し合いが始まる。

そもそも源頼朝以来五〇〇年間、武士というのは人殺しを生業としてきた。技を磨くためには、やはり人を殺さなければならない。江戸時代に入ってもしばらくは、刀の切れ味を試すために夜な夜な市中を出歩いては、武士が町人を試し切りするようなことが横行していたのである。

かの水戸黄門《こうもん》こと徳川光圀も、若い頃はそのように人を殺めたことがあると、老年になってから述懐している。

武断主義から文治主義への転換を企図

象徴的なエピソードがある。三代将軍・徳川家光《いえみつ》は、江戸城で大名らと初めて謁見した際、こう宣言したという。

「余は生まれながらの将軍である。不満のある者は国元に帰り、戦支度をせよ」

つまり、家光の時代までは、大名や庶民を武力によって押さえ込もうとしていたのである。人を殺し、人が殺されるのが当たり前の戦国時代の常識が、まだこの頃まで生きていたのだといえる。

そこへ登場したのが、綱吉の「生類憐みの令」である。人どころか、犬を殺しても死刑になるというこの法は、人殺しが当たり前の世の中ではとんでもない悪法なのが、おわかりいただけるだろうか。それは、人権最優先の今日とはまた違った意味で、受け入れがたい法だったのだ。

ここでもう一度立ち返ると、綱吉の治世は約三〇年。その間、生類憐みの令は生き続けた。同時代を生きる武士たちからは強烈に反発される一方、生まれた時から法があり、守ってきた者たちからすれば、犬を殺さないのが当たり前になっていく。法に人間が馴染んでくるわけだ。当時の寿命から考えれば、二〇年も経つと社会の主流層は入れ替わる。こうして「犬を殺してはならない」という新たな常識が定着していくことになる。つまり、「何かあればすぐに人を殺す社会」から、「虫一匹殺さない社会」へと、一八〇度の転換を果たすことになる。

これほどまでの転換は「人も生き物も殺さないようにしましょう」というキャッチフレーズを出して、民にお願いするだけでは決して浸透しない。綱吉が目指したのは、武断主義から文治主義への転換を強力に推進することだったのである。

生類憐みの令によって、綱吉が世間から行き過ぎた動物愛護と大顰蹙《ひんしゅく》を買う一方で、文化面では井原西鶴《いはらさいかく》、松尾芭蕉《まつおばしょう》、近松門左衛門《ちかまつもんざえもん》などが活躍し、優れた文芸、学問、芸術が花開くことになる。これは、綱吉が推し進めた政策とまったく無関係であるとはいえない。平和な世の中になって、政治が安定し、経済が発展していくに従い、人々の意識もまた変わっていった。同時に、生き物を殺さないという、今日に通じる価値観を、綱吉は人々に植え付けていったのだ。

それまで当たり前だった常識を一八〇度転換することができる政治家など、そうそう現れない。綱吉を無能などというのは間違いだとはっきり断言できる。

なお、ドイツ人学者のベアトリス・M・ボダルト＝ベイリー女史は綱吉の治世について、次のような評価をしている。

「近代の社会福祉立法の先駆的なものだった」

動物愛護の生類憐みの令を含め、綱吉は捨て子の禁止や、乞食や流民に対して食事や宿泊所を世話するなど、この時代としてはかなり福祉の側面の強い政策を次々に打ち出している。それらを踏まえないと、生類憐みの令はきちんと評価できない、とベイリー女史は述べている。

私もまったくの同意見である。改めて言うが、綱吉は暗君でもなければバカ将軍でもない。江戸時代の歴代の将軍のなかでも、「稀代の名君」というべき人物である、と。

徳川幕府というシステム

明智光秀は本能寺の変で主君・織田信長を討った後、信長の嫡男・信忠が立てこもる二条御所を攻め、これを討った。

このとき、信忠がすぐに京都を離れて逃げ延びていれば織田政権は安泰だったのではないか、という人がいる。しかし、たとえ、信忠が生き延びたとしても遅かれ早かれ、織田政権は終焉を迎えたのだろうと私は考えている。

柴田勝家や羽柴（豊臣）秀吉といった織田家の重臣たちにしても、上杉氏、毛利氏、北条氏などにしても、いずれも百戦錬磨の戦国武将である。このような武将が割拠しているわけだから、信忠では相手にならない。おそらくすぐに潰されてしまったと思われる。

その後、織田政権が倒れ、豊臣政権に変わられたのも、織田政権が「システム」として機能していなかったことが原因ではないだろうか。

信長政権による統治は、あくまでも信長個人の才能に重きを置く、カリスマ的支配だった。実際に信長が本能寺の変で討たれると、彼の影響下にあった地域はほとんどアナーキーな状態になってしまっている。

例えば、家康は本能寺の変が起きたときには堺にいたが、そこから三河まで戻る際に「神君伊賀《いが》越え」を敢行した。家康の生涯のなかでも、武田信玄に大敗を喫した三方ヶ原の戦いと並んで、最も危険にさらされた出来事だった。

途中、追い剥ぎをするいわゆる「土民」たちに殺されてしまう可能性が高かったのだ。先述したように、「土民」とは武装した、半分武士、半分農民のような存在である。信長が殺された直後には、こういった人々が道を往来する者たちを殺し、衣服や所持品を強奪する、いわゆる無政府状態に陥ってしまったのである。

実際に一緒に堺にいて、途中から別行動をとった穴山梅雪《あなやまばいせつ》は、逃亡途中に「土民」に殺されている。よく知られているように、その後、山崎の戦いで敗れた明智光秀

徳川家康像

も同様だ。

これがまさに、信長政権の姿だったと言えるだろう。信長という一人のカリスマの存在で成立していた政権は、信長当人がいなくなってしまうと、ほとんど機能しなくなる。信長が生きていたからこそ機能していた政権だったのだ。

これがきちんとシステム化されていれば、トップに立つ人間の才能の有無は関係がなくなる。誰がトップに立っても、政権維持のシステムが確立されていれば、存続するのである。

その一番の例が、徳川幕藩体制だったと言えるだろう。二六〇余年も続いた徳川幕府では、後継者は長男あるいは先に生まれた男子とすると、家康が決めた。

例えば二代将軍・秀忠夫妻は年長の竹千代と年少の国松の兄弟のうち、弟の国松が利発だから後継にと考えた。しかし、家康は、これをお家騒動のもとになるからと、後継者は長男、あるいは先に生まれた男子としたのである。

トップはたとえ無能でもよいから年長者を据える、という発想は家督争いを起こさせないための家康の知恵だった。

たとえ、トップが経験不足の年若な人間であっても、組織としてのシステムさえ確立されていれば、それを維持することは難しくはない。三代将軍・家光の頃になるとすでにこれが確立された段階に入っていく。

信長が討たれた後の無政府的な状態を考えると、残念ながら織田政権には、このシステムがまだ構築されていなかったと言わざるを得ない。

信長は四九歳で亡くなっている。仮に家康並みに長生きできたとしたら、少なくともあと二五年のうちに、政権のシステム化を推し進めることもできただろう。

確立された幕藩体制のトップは無能でもいい

さて、以上の意味を踏まえて、その後の徳川将軍について考えると、そもそも将軍個人が有能か無能かを考えても仕方がないのだ。

人の上に立つ人物が、有能か無能かというのは、現代政治においては確かに重要なことである。しかし、徳川の幕藩体制のようにかっちりと決まったシステムが一度確立されると、トップにどんな人間が来ようと関係なくなるのである。組織とはそういうものなのだというほかない。

実際に、徳川将軍は、より浮世離れした人間、実務などはさほど得意でなかった人物の方が人気があるという。むしろ逆にリーダーシップを発揮するようなタイプの将軍は、あまり人気がなかった。

例えば、子だくさんで知られる第一一代将軍の徳川家斉の時代は大御所時代も含めて五〇年も続くが、その間に化政文化という文化的発展もあった。さらに頼山陽《らいさんよう》は、『日本外史』の中で、「武門天下を平治する、是に至つて其の盛を極む」と述べ、家斉が政務に熱心でなくても徳川の世は絶頂であったと謳った。また、一四代将軍の徳川家茂《いえもち》は、育ちも性格も良い貴公子で「お坊ちゃま」の典型である。にもかかわらず将軍としての人気は高かった。逆に一五代将軍の徳川慶喜《よしのぶ》は非常に優れた秀才で、政治にも積極的に参与した。けれども、人気はまったくなかったという。

トップに下手に動かれると、確立されたシステムにおいてはむしろ邪魔になってしまうということだろうか。

検証14

江戸の三大改革に関する「定説」

江戸の三大改革（享保の改革、寛政の改革、天保《てんぽう》の改革）に関する内容と「定説」をここでは紹介し、後段でそれぞれの評価・検証を行っていきたい。

享保の改革

八代将軍徳川吉宗が享保元（一七一六）年から行った幕藩体制支配強化のための政治。具体的な政策として、まず財政面では、元禄期以降の幕府財政の悪化に対し、倹約令により支出を抑制。大名の江戸参勤の期間を半減するかわりに石高の一〇〇分の一の米を幕府に上納させる「上米《あげまい》の制」や定免《じょうめん》制の実地、年貢増徴のための新田開発などで収入を増加させ、財政を黒字化させた。

寛政の改革

田沼意次《たぬまおきつぐ》の政権が崩壊した後、老中松平定信を中心とする政権が誕生した。定信はまず、田沼政治を一掃。商業資本と結びついた政策を断ち切るため、意次らが始めた営利事業の大部分を取りやめ、物価政策、農村の復興対策などに力を入れた。

天保の改革

江戸後期天保年間に行われた幕政・幕藩改革。改革の背景として、当時は天保の飢饉の影響、農村の荒廃、頻発する百姓一揆、外国船の来航など、領主支配の根底を揺るがすような内憂外患に迫られていた。そこで天保一二（一八四一）年から老中水野忠邦《みずのただくに》の指導により、財政経済の立て直しと幕府の権威回復を目指して改革が始められた。忠邦はきびしい倹約令により武士や庶民の贅沢な生活を禁じるが、娯楽を奪われた庶民の間から不満の声が溢れた。

本郷和人が検証する　江戸の三大改革に関する定説

経済の拠点を関東に置いた徳川家康

日本はもともと西国型の国家であり、西日本を中心に発展してきた。それを源頼朝《みなもとのよりとも》が関東で立ち上がり、東国に新しい政権を立ち上げた。

この時点でまだ関東は経済的な後進地域である。そのため、質実剛健を旨とする政策が中心となった。

鎌倉幕府まではそれでよかったが、徐々に貨幣経済が伸展してきて、流通が盛んになってくると、足利尊氏《あしかがたかうじ》は商業の中心である京都へ戻ろうと画策する。こうして、西国型の室町幕府体制ができあがり、西日本を中心とした国づくりを行っていった。

尊氏は、西国型の武士の政権を作った。これに乗っかったのが織田信長《おだのぶなが》であり、豊臣秀吉《とよとみひでよし》である。信長は政治的に、というよりも経済的に京都、そして堺という都

皇居（旧江戸城）

市を重視したのではないだろうか。彼は経済で、戦国の世を変えようとしていた。安土城の次に、大坂城の築城を考えていたのではないかとも言われている。

秀吉がほとんど考える間もなく、自分の拠点を大坂に定めたということは、そもそも大坂首都構想のようなものが信長の下で進んでいたのではないか、ということである。

その後、今度は徳川《とくがわ》家康《いえやす》が関東に腰を据えて、地力をしっかりとつけることを目指した。江戸に大土木工事を展開し、思い切って利根川の流れを変えてしまう。利根川は江戸湾にそそいでいたが、そのため湿地帯が広がってしまい、人の住めるような状態ではなかったのである。これを鹿島灘に流し、土地が生まれ変わった。こうして家康はその後、一〇〇万都市とも言われる江戸の礎を築いたのである。

家康はまさに源頼朝に返ったというわけである。関東地方を拠点として内需拡大を目指し、幕藩体制を敷いた。東廻り航路や西廻り航路など、流通網も整備され、日本列島全体が経済的に底上げされていった。そのなかで、西南雄藩と呼ばれるような、西日本の大名たちが力をつけていった。そこから、明治維新へとつながっていく。

倹約政策では経済は回らない

家康が関東を中心に確立した江戸幕藩体制だが、度々、財政をはじめとする改革策が打ち出されている。有名なもので、いわゆる三大改革が挙げられる、すなわち、徳川吉宗による「享保の改革」、松平定信による「寛政の改革」、水野忠邦による「天保の改革」である。

それぞれの改革の成功、失敗については、一般的な理解では一〇〇点満点中、だいたい六〇点かそれ以下と考えるのが妥当だろう。ギリギリ合格点、あるいは不合格といったところである。

家康と同じく関東に拠点を置いた源頼朝の鎌倉政権というものは、質実剛健なものと先述したが、関東の武士を中心としたもののため、土地に根ざした農業政策を中心としたものだった。平清盛が日宋貿易を進めて経済の活性化をはかったものとは、そもそも方向性を異にする、つまり倹約を基礎とした政策であった。

江戸幕府の三大改革は、鎌倉政権と同じで、倹約重視の政策である。質実剛健を旨とする倹約政策というと、今でいうならリストラと同じだ。結局、どの改革もそうなのだが、無駄を省くのには効果的だが、全体のパイは大きくならないので、経済を回すときには根本的な解決にはならない。

「入《い》るを量《はか》りて出《い》ずるを為《な》す」という故事もあるが、倹約政策は誰でも考えつくことで、経済システムそのものを抜本的に変えることにはならない。
逆に言えば、三大改革のなかでも享保の改革は、リストラ政策・倹約政策をやった最初であるから、それなりの効果は出た。ところが、その後の寛政の改革、天保の改革になるとほとんど意味をなしていない。

確立されてしまった幕藩体制自体が、経済的に問題を抱えてしまっている。幕藩体制とはそもそも、何も生産をしない武士が上部に乗っかっているシステムである。そこを大きく変えないとどうにもならない。それは、幕藩体制を抜本的に変えること、要するに幕藩体制を終わらせるくらいのことである。倹約では根本的な問題解決にはならないのだ。

享保六〇点、寛政五〇点、天保は失敗

このように考えると、江戸の三大改革は、最初に実施された享保の改革は六〇点、その後の寛政の改革は五〇点、天保の改革は明らかに失敗、といったところだろう

か。

そうなると江戸時代の経済・財政改革のなかでも、改革らしい改革というと、田沼意次、もしくは尾張徳川家第七代当主の徳川宗春《むねはる》が行った政策くらいだろう。

重商主義政策へ転換しようという思想を見せたのは、老中の田沼意次だけである。商人の活動を思い切って認めてバックアップし、彼らに稼がせてその分、税金を取る仕組みを整えようとしたのである。また尾張藩主の徳川宗春は、徳川吉宗が享保の改革を敢行し、祭りや芝居など贅沢を禁止していた際に、むしろ規制緩和を行い、経済を回そうとした。吉宗が中央でデフレ政策を進めるならば、宗春は名古屋でインフレ政策を打ち出したのである。

システム自体に問題がある場合、システムそのものを変えなければならない。やがて、西南雄藩が経済的に力をつけて（幕府の政策よりも藩政改革のほうがうまくいっていたのは、それだけ規模が小さかったからという面もある）、いよいよ、抜本的な解決、すなわち倒幕へと進んでいくことになる。

井沢元彦が検証する

江戸の三大改革に関する定説

三大改革の裏に潜む朱子学の呪縛

江戸時代の改革といえば、誰もが歴史の授業で習う、次の三つである。八代将軍・吉宗の「享保の改革」。吉宗の孫で老中の松平定信の「寛政の改革」。老中・水野忠邦による「天保の改革」だ。これら三つの改革には、ある共通項がある。それは、いずれも「農業改革」だったということだ。

まず言っておきたいのは、「改革」とはすなわち「前よりも良くすること」であり、その後の評価も含まれる言葉であるということだ。注意すべきは、「前より良くしようと目指したが失敗した」ことも「改革」には含まれるということ。これが、なかなか理解されない。多くの人にとって「改革」は基本的に良いこと、という認識だろう。しかし、それでは「誰にとって良いことなのか」が曖昧になるという危険性もはらんでいる。

さて、吉宗の行った「享保の改革」は、どうだったのか。彼の行った政治で代表的なものは「いろは四十八組の設立」や「目安箱の設置」「大岡越前」として知られる大岡忠相《ただすけ》の登用、また目安箱の投書をきっかけに設立された「小石川養生所」といったものだ。

これらは明らかに庶民にとって善政ということができる。しかし、これは吉宗の行ったさまざまな政策のうちの一部分にすぎない。皮肉にも、目安箱に投書されたもののなかには、庶民から痛烈な批判めいた内容もあった。それが、経済政策である。

器量は大きかった吉宗

たとえば、吉宗は江戸時代を通して武士の基本教養とされた朱子学に忠実に基づき、質素倹約を重視した。朱子学とは、もともと中国の思想だが、初代将軍の徳川家康が、徳川家に対する反乱の芽を摘むために採用した、武士の基礎教養とした学問。親孝行や主君への忠義を基本道徳としており、輸入元の中国とまったく同じものではなく、日本なりに多少のアレンジが施されている。この学問に基づいて、吉宗は大奥を縮小し、国家予算の節約に努めたのである。

ここまでは良かったかもしれない。しかし、吉宗はこれを民衆にも強要した。たとえば、贅沢なカンザシを禁じた。着物や食料、家も道具も質素にせよと、あらゆるものに贅沢を禁止したのである。それがどういうことを招くか。カンザシを作る職人、それを扱う問屋や小売業者は大損害。結果、失業率が上がり、消費は低迷。景気はどん底となった。

吉宗の政策を「悪政」として目安箱に投書してきた、浪人・山下幸内《やましたこうない》の批判は次のようなものであった。

「将軍家が（倹約を進めて）率先して国庫に金を貯め込めば天下の万民は困窮することになります。（中略）天下の金銀は（野にあっても）すべて将軍のものです。逆に言えば何か大事があれば放っておいてもお手元に集まります。だからこそ普段は流通させておくのがよろしい。（中略）この平和な時代に上様（吉宗）が金銀を独占し民を苦しめるとは、なんという御器量の小さいことでございましょうか」

この幸内の諫言《かんげん》に幕府はどう対応したか。家臣のなかには「罰すべきだ」との意見もあったようだが、吉宗は笑って許し、幸内に褒美まで与えている。度量の大きさを見せたのだ。つまり、これは吉宗の美談として伝わっている話である。

これだけ見れば吉宗の処置は寛大で、名君との評価もできよう。しかし、その後も吉宗は経済政策を改めることはなく、幕府財政を立て直すことができなかった。

つまり、吉宗はまるで経済というものがわかっていなかったということになる。

金儲けを蔑視する朱子学

江戸の三大改革は、いずれも「農業改革」という視点で見れば、ある程度の成功を収めたといえる。しかし、基本的には米経済から脱却することができなかったため、幕府財政を立て直すことができなかったという点においても、共通している。

その背景には、先ほど少し述べた「朱子学」という学問による影響が少なくない。吉宗は後世「八木将軍」などと呼ばれた。米という字を分解すると「八」と「木」になる。つまり、米将軍という意味だ。なぜかというと、吉宗は歴代将軍のなかでも、特に米の増産に力を入れた将軍だからだ。さらに、米価格の安定化にも尽力している。

そのこと自体は決して悪いことではないが、その陰に潜んでいるのが、朱子学だ。この学問においては、農業などの物づくりについては奨励されるものの、商業、すなわち金儲けについては蔑視される。

こうした思想がどのように政策に反映されるかというと、要は農業からは税金を取るが、卑しい行為である商業からは取らない、ということになる。実は吉宗は歴代将軍の中で最も農民を「しぼり上げた」将軍でもある。

吉宗の経済政策が庶民から厳しく批判される一方で、庶民から絶大な人気を得て、街を栄えさせた人物もいる。それが終生、吉宗と敵対していた尾張徳川家当主の徳川宗春である。彼が何をしたかというと、要は吉宗の反対の政策だ。彼はあらゆる面において、民間消費を盛んにしたのである。

たとえば、幕府の直轄領である江戸や大坂では芝居すら禁じられていたが、宗春の治めていた名古屋では積極的に上演された。朱子学においては、小説や芝居などは文化として認めていなかった。虚構、フィクションだからである。そこに何の価値も感じないのが朱子学なのだ。

いずれにせよ、名古屋の庶民は芝居をはじめとした娯楽を楽しみ、それに付随する商売はますます儲かっていく。当時の名古屋は空前の好景気だったのである。

ところが、庶民に慕われた宗春も、政治的に失脚した。なぜか。これは皮肉なことだが、宗春の政策も、結局のところは朱子学の影響力から脱することができなかったからである。つまり、宗春も税収を農業に頼らざるを得なかったのだ。

吉宗の大増産計画により、米は安くなった。しかし、藩の収入を増やすために年貢率を高めるわけにはいかない。税収は増えないどころか目減りしているのに気前よくばらまいていたために、尾張藩には膨大な財政赤字が残された。いくら町人が儲けていようと、そこから税を取ることはできなかった。おそらく将軍の座を狙っていたであろう宗春も、そこまで改革する時間がなかったのだろう。

江戸期に行われたもう一つの重大な改革

享保、寛政、天保と続いた改革がどちらかというと「農業改革」であることはすでに述べたが、この時代に行われた三大改革に入れてもらえなかった重要な「改革」がある。それが、田沼意次による政治である。

意次には「賄賂の帝王」などという不名誉な異名があるが、これも朱子学による影響が強い。というのも、意次こそ、朱子学の呪縛を逃れ、一〇代将軍・家治《いえはる》とともに日本を貿易立国にすべく動いていた人物だからだ。

意次は、貨幣制度にも手をつけている。当時の貨幣は大口売買の場合、江戸では金（小判）を、京や大坂では銀（丁銀《ちょうぎん》や豆板銀《まめいたぎん》）を使っていた。ややこしいことだが、金の場合は枚数で使う計数貨幣で、一方の銀の場合は重さを計って使う秤量《しょうりょう》貨幣と、国内で通貨が二つあるような状態だった。東西で貨幣制度が違うのは、庶民にとって不便極まりない。そこで、意次は南鐐二朱銀《なんりょうにしゅぎん》と呼ばれる東西共通で使える銀貨を造ったのである。

ここまでご覧いただいたらわかると思うが、朱子学の教育を受けた者にとって、これらの政策は当時、最も忌み嫌われる商売の部類に属するもの。そのため、意次は稀代のワルとして当時からさんざん貶められた。家治の跡を継ぐはずだった家基《いえもと》も、意次の息子だった意知《おきとも》も、若くして死んだのには何か思惑があったような気がしてならない。というのも、南鐐二朱銀は意次失脚後に鋳造停止になっている。意次が手をつけようとしていたものは、徹底して排除され、史上最悪の悪老中として名を馳せることになってしまったからである。

意次の成そうとしていた改革が、ある一定の成果をもたらしていれば、あるいは意次の悪評も多少は違ったものになっていたかもしれない。が、運悪く、江戸時代最大の飢饉といわれる「天明の飢饉」に見舞われたこともあり、改革は実を結ばなかった。さはさりながら、江戸の三大改革を語る時、意次の政治は幕末期に薩摩や長州に高く評価されていることもあり、避けて通ることはできないと考えている。

検証15

忠臣蔵に関する「定説」

浪士の討ち入りは「忠義」だったのか？

時代劇や歌舞伎の演目などでもおなじみの『忠臣蔵《ちゅうしんぐら》』は、元禄一五（一七〇二）年一二月一四日に起きた赤穂《あこう》事件がベースになっている。播磨国《はりまのくに》旧赤穂藩の浪士四七人が吉良義央《きらよしなか》を襲撃して殺害した事件である。

この前年の三月一四日、赤穂藩主浅野長矩《あさのながのり》は、勅使饗応の席で吉良に対して刃傷《にんじょう》沙汰《ざた》を起こしたため、即日切腹を命じられ、浅野家は取り潰された。浅野家の旧臣たちは、お家の再興を期待する穏健派と、すぐにでも主君の恨みを晴らすべしとする急進派とが対立したが、結局急進派が主導権を握り、四十七士をもって吉良邸への討ち入りを決行した。

討ち入りを果たした浪士たちは幕府により切腹を命じられたが、この事件は浪士

●忠臣蔵に関する「定説・仮説」

定 赤穂浪士義士説	主君の仇を討った四十七士を「義士」と見る説。儒学者の意見などにより、罪人としてではなく武士として切腹が認められた。後に『忠臣蔵』などの基となる説。
仮 赤穂浪士「罪人」説	浪士の主君・浅野長矩の刃傷沙汰自体を罪とみなし、吉良を暗殺した浪士たちの行為を、法を犯した罪とする説。
仮 浅野内匠頭怨恨説	饗応役の浅野が吉良から冷酷な仕打ちを受けたことで恨みを抱き、刃傷沙汰に発展したとする説。
仮 浪士逃亡説	四十七士の1人、寺坂吉右衛門は討ち入り後に姿を消していた。その意図をめぐり、逃亡説や、密命を帯びていたなどのさまざまな説がある。

定は教科書などに書かれた「定説」　仮は一部の研究者の説や一般論としての「仮説」

たちの行動が義に適ったものかということが議論になった。主君への忠誠という武士意識を取るか、幕府の法で罰するかという道徳上の論議を巡って儒学者を中心に論争が展開。結果的には荻生徂徠《おぎゅうそらい》の言を入れる形で、武士らしく切腹が命じられることになった。

この事件は後に『仮名手本忠臣蔵《かなでほんちゅうしんぐら》』など演劇文学の題材にもなり、日本人の心情や倫理観ともからんで、現在でも映画やテレビの時代劇の題材として、取り上げられ、多くの人に愛されている。

井沢元彦が検証する　忠臣蔵に関する定説

赤穂浪士による討ち入りは、仇討ちではなかった

日本人で「忠臣蔵」を知らない人はほとんどいない。その物語は日本人好みのストーリー展開となっており、年末に放送される「忠臣蔵」を毎年楽しみにしている人も少なくないだろう。

「忠臣蔵」とは、そもそも人形浄瑠璃《じょうるり》のタイトルであり、最も有名な作品『仮名手本忠臣蔵』が由来となっている。つまり、「忠臣蔵」とは実際にあった事件をモデルにしたフィクションであり、事実ではない。

モデルとなった「赤穂事件」は、元禄一四（一七〇一）年三月一四日に起こった。この日、浅野内匠頭《たくみのかみ》長矩が高家《こうけ》筆頭の吉良上野介《こうずけのすけ》義央を江戸城松の廊下で突如斬りつけて重傷を負わせたのである。浅野家は即座に取り潰し。浪人となった家臣らが、

翌元禄一五（一七〇二）年一二月一四日に吉良邸を襲撃し、吉良を討ち取った。その後、襲撃に参加した四十七士は、切腹処分となった。これがあらましである。

だいたいのところはドラマや映画などでおなじみだろう。しかし、やはりフィクションはフィクション。広く知られたストーリーの中には、要所要所で創作が紛れ込んでいる。

たとえば、浅野が吉良に対して刃傷沙汰に及ぶきっかけになった部分。天皇の使者をお迎えする儀式に接待役を仰せつかった浅野だったが、吉良に誤った情報を吹き込まれ、まったく違う衣装を用意してしまったことがわかる。

「おのれ、憎き吉良！　偽りを教えおって！」

機転を利かせた家臣がいて、危うく難を逃れたものの、結局、怒りが収まらない浅野は、吉良を斬りつけてしまう……という筋立てだ。

ところが、実は浅野が天皇の使者の接待役を務めたのは、この時が初めてではない。若い頃に務めたことがある。しかも、接待役ではなくても、一大名として何度も儀式に参加している。そういう浅野が服装について何も知らないということがあり得るだろうか。

ドラマによっては、浅野は吉良を真正面から斬りつけているが、これも間違いだ。史実では、背後から斬りつけ、驚いて振り向いた吉良をもう一度斬りつけて、額にキズを負わせている。現代でいえば、無防備な老人に対する殺人未遂だ。

そもそも、吉良が浅野に対してさんざんイジメをしていた、という証拠は現在に至るまで一つとして出てきていない。

そうなってくると、日本三大仇討ちの一つ、という名誉もあやしくなってくる。三大仇討ちとは、諸説あるが、曽我《そが》兄弟の仇討ち、荒木又右衛門《あらきまたえもん》の鍵屋の辻の決闘、そして赤穂浪士の吉良邸討ち入りである。浅野の所業がただの殺人未遂ということであれば、吉良邸討ち入りも単なる集団殺人ということになってしまう。

仇討ちとは親や主君を殺した犯人を子や家臣が殺すことだが、浅野は吉良に殺されたわけではない。江戸城内という神聖な場所で刃傷沙汰に及んだために、浅野は死刑に処された。つまり、浅野を殺したのは幕府だ。むしろ、吉良は浅野に斬りつけられた被害者なのである。

大石内蔵助像

討ち入りの端緒となったのが単なる主君の殺人未遂であれば、これは義挙でも何でもなくなる。江戸時代には邪《よこしま》な意志のことを「邪志」と呼んだが、討ち入りを果たした大石内蔵助良雄《おおいしくらのすけよしお》ら赤穂浪士四十七士は浅野の「邪志」を継いだということになるのだ。

幕府は自ら墓穴を掘った

ではなぜ、彼らは今日にまで語り継がれる義士となったのか。

元禄一六（一七〇三）年の春。江戸城では将軍・徳川綱吉を前に、将軍の側近たちが討ち入りを果たした四十七士にどういう処分を下すべきかを話し合っていた。

儒者の荻生徂徠は、四十七士が主君の仇を討ったと巷で評判になっていることを認めつつ、吉良が仇であるというのは筋違いと断じた。これは忠義などではない、と。そして、彼らはあくまで罪人であるが、己の生命をかけて主君の思いを果たしたことには同情の余地があるとした。そこで、打首獄門とするのは忍びない。武士の礼をもって切腹させよ、ということになったのだ。

これだけを見ると、なんと寛容な裁定か、と思われるかもしれない。しかし、とんでもない。実はこれは大きな歴史の分岐点となった裁定である。大石ら四十七士のしたことは明らかに犯罪だ。だから、法を犯した者として処刑はする。しかし、切腹にすることで彼らは義士であると、幕府が自ら認めたということになる。

これがどういう意味をもつことになるのか。赤穂浪士四十七士を義士、つまり正義の武士として認めると、主君のためという名目のためなら幕府の法を無視しても正義ということになる。これが、幕末になると勤皇の志士たちの論理につながっていく。つまり、天皇のためなら幕府を倒しても正義、という理屈が成り立ってしまうのだ。この瞬間、幕府はまさに自ら墓穴を掘った。この時の幕府はまだ盤石だったから、気づきもしなかったかもしれない。しかし、幕府が最も恐れなければならなかったのは、「幕府の法を超越する正義がある」という信仰を芽生えさせることだ。

幕府の法に照らし合わせて罰を受けるべき赤穂浪士を義士として認めることは、実は、その危険な第一歩を踏み出したことにもなるのである。

本郷和人が検証する　忠臣蔵に関する定説

仇討ちは「親兄弟が殺されたとき」に行う

元禄一四（一七〇一）年、江戸城本丸の松の廊下で播州《ばんしゅう》赤穂藩主・浅野内匠頭長矩が、高家筆頭の吉良上野介義央を斬りつけるという事件を起こし、即日切腹となった。このためにお取り潰しとなった赤穂藩浅野家の旧臣四七名が、主君の仇として吉良上野介を討った「赤穂事件」は、以降「忠臣蔵」として歌舞伎のモデルとなり、現代もドラマや映画になるなど、人気の歴史上の出来事である。

しかし、「忠臣蔵」のモデルとなった赤穂事件が起きた江戸時代当時までの日本には、そもそも主君の仇討ちという感覚はなかったのである。

当時の仇討ちはというと、自分の尊属にあたる人間が殺されたときに行うものだった。つまり相続が発生する父親や兄が殺されたときにのみ、相手が仇となるのだ。

赤穂城本丸跡

あるいは、妻を寝取られた際に、寝取った間男を「女敵（妻敵）」として討つことがあったが、これは武士のプライドの問題で、いささか毛色が異なる。

日本では「親に孝、君に忠」というように「親に孝行するように主人に対して忠節を尽くしなさい」みたいなことがごく普通に言われている。明治時代以降の教育勅語にもそれが出ている。これは江戸時代の武士道と密接に関係する儒教の教えとされるが、実は儒教本来の教えにはないものである。

孔子の頃の本来的な儒教からすると「孝行」のほうがはるかに重く、逆に主君に対する「忠節」はさほど重要視されてはいない。つまり、孝行と忠節は儒教の両輪ではない。「孝」のほうに価値がある。

有名な話だが、「父親が牛を盗んできた。あなたはどうしますか」という問いがある。秦《しん》の始皇帝《しこうてい》が採用した法家は、法に基づく統治であるから、当然、親であっても法を犯した者は警察に突き出さなければならない。

ところが、儒教の考え方からすると「父親を匿え」ということになる。儒教とは主君や国に忠節を尽くすことにならなくとも、父親を匿うという孝行は重視せよ、という教えなのだ。法家を採る秦の始皇帝が、焚書坑儒《ふんしょこうじゅ》を行ったのも、法家と儒教の大きな違いが横たわっている。

しかし、この意味で言えば、日本の儒教は相当に捻じ曲がっていると言えるだろう。

江戸幕府は儒学を奨励し、日本独自のアレンジを加えて国の教えとした。その際に、主人・主君に対する忠節の価値が高められ、親に対する孝行と同等のものになったのである。

赤穂浪士のような仇討ちが起こり、それが民衆にもてはやされたりしたのは、そうした江戸時代の独自の儒学思想の影響が関連しているのではないだろうか。それまで、主人がやられたら仇を討つという発想がなかったにもかかわらず、それをやってのけたという意味では、大石内蔵助という人間はやはり傑出した人物だったと言えるだろう。

浅野内匠頭はボンクラの殿様

事件の発端となった刃傷事件を引き起こし、大石内蔵助ら赤穂浪士が命を賭してその仇を討った、浅野内匠頭について一言付け加えるならば、「ボンクラ」もいいところ、ということだろうか。

人の上に立つ人間ならば、やってはいけないことがある。江戸城本丸の渡り廊下で刀を抜くなど、あってはならないことだ。

もし家臣たちやその家族たちの生活が自分の肩にかかっているという認識がある

泉岳寺（東京）にある四十七士の墓

ならば、そこは耐え忍ばなければならない。それを刃傷沙汰にしてしまうのは、とんでもない殿様だろうと私は思う。

また、赤穂浪士の討ち入りの際に、寺坂吉右衛門《てらさかきちえもん》が逃亡したのはなぜか、ということも「忠臣蔵」を検証する際にさまざまな説がある。吉右衛門はただ単に命惜しさから逃亡したのか、そもそも足軽をメンバーに加えたくなかったのかどうか、ということだが、その真相はよくわからない。

ただ、そもそも足軽は武士なのか、という問題がある。

足軽は軍隊でいうなら兵隊であり、武士は将校だ。旧日本軍ではまったく異なる教育をしている。それがよく表れているのが、現在の警察だろう。叩き上げのノン・キャリア組は巡査から始めて、出世しても警部補までだ。しかし、エリートのキャリア組である警察官僚は警部補から始める。

その両者は絶対に交わらないのである。このような感覚が、侍身分のなかにもあるのだ。

幕府が定めているように、「これだけの石高を持っている人はこれだけの軍役を果たしなさい」という命令がある。これに沿って参勤交代なども行われる。それを考えると足軽というのは正規雇用の侍ということになる。ちなみに、中間《ちゅうげん》などはその時々に雇われる非常勤である。

寺坂吉右衛門みたいな足軽は、正規の武士であってもどんな活動をしていたのかを明らかにしていかなくてはなるまい。

検証16

桜田門外の変に関する「定説」

安政の大獄に対する志士の反発

桜田門外《さくらだもんがい》の変《へん》は安政七（一八六〇）年三月三日、水戸・薩摩《さつま》両藩の浪士が、大老井伊直弼《いいなおすけ》を暗殺した事件である。

事件の背景は、次のようなものである。まず、井伊によって行われた、勅許《ちょっきょ》を得ない条約調印と将軍継承問題の処理に激怒した孝明《こうめい》天皇は、水戸藩に幕政の改革を促す「戊午《ぼご》の密勅《みっちょく》」を下した。

それに対して井伊は、幕府の政策に反対する者を弾圧する「安政《あんせい》の大獄《たいごく》」を断行し、尊王攘夷や一橋派の大名・公卿《くぎょう》・志士（活動家）ら反対派の一掃を企てた。そして井伊の裁決によって過酷な刑が下され、吉田松陰《よしだしょういん》や橋本左内《はしもとさない》ら八人が獄門や打首、切腹に処された。

●桜田門外の変に関する「定説・仮説」

定 水戸藩犯行主導説	孝明天皇から下された戊午の密勅をふいにされ、安政の大獄で同志を失った水戸藩が主導で井伊の暗殺に決起したという説。ほぼ定説化している。
仮 薩摩藩犯行主導説	最終的に決起への参加は藩士1名となってしまったが、元々は藩の精忠組が進めていた計画でもあった。しかし島津久光の命で計画は頓挫、また、寺田屋事件により多くの同志を失い、井伊暗殺に参加する者も残っていなかった。
仮 井伊直弼冷徹説	安政の大獄における尊攘派への冷徹な仕打ちから、井伊を冷徹な人物とする意見は多い。しかし彦根藩主時代から温和な性格であったという説もある。

定は教科書などに書かれた「定説」　仮は一部の研究者の説や一般論としての「仮説」

こうした井伊の弾圧に対し、薩摩・水戸両藩の志士たち一八名は、三月三日早朝、愛宕山に集結し、桜田門外で井伊大老の一行を襲撃、大老の首級を挙げた。志士の多くは討ち死にもしくは自刃し、生き残った者も捕らえられ、死罪・追放となって、生き残ったのはわずか二人だった。

この事件は、井伊の専横的な政治と尊王攘夷派弾圧に対する志士たちの怒りが引き起こしたものだったが、結果的に幕府の権威を失墜させ、幕末の政情を明治維新に向かって大きく転換させる契機となった。

本郷和人が検証する　桜田門外の変に関する定説

外圧で変わる日本という国

古来、日本は大きな変革が起こるとき、そこには必ずと言っていいほど、海外からの圧力、つまり外圧があった。

例えば、まず、天智二（六六三）年の白村江《はくそんこう》の戦いがそうである。朝鮮半島の百済《くだら》の復興軍と共に、新羅《しらぎ》を攻めたこの戦いで、日本は大敗を喫する。その後、唐や新羅による侵略に危機を募らせるなか、西暦七〇〇年前後には、天武天皇と持統天皇の夫妻が日本という国の基礎作りを始めた。こうして日本に律令制が導入されることとなる。

文永《ぶんえい》一一（一二七四）年と弘安《こうあん》四（一二八一）年の元寇《げんこう》もまた、鎌倉幕府が変わることとなった大きな外圧の一つだ。フビライ・ハーンの命を受けたモンゴル軍が二度にわたって日本を攻めたこの戦いに、武士たちは幕府の指示に従い、命がけで防戦し、勝利した。モンゴルの侵略を食い止めた一方で、問題なのは武士たちに対する報償である。先述したように、武士は命を賭して将軍のために戦う（奉公）代わりに、将軍は武士たちに土地などの報償（御恩）を与えなければならない。このときはモンゴルに勝利したものの、新しい土地を手に入れることができなかったため、当然、報償がなかった。こうして武士の不満は鬱積《うっせき》していき、その約五〇年後に鎌倉幕府は滅びることとなる。このとき、北条氏が自らの領地を分け与えていれば、そうはならなかったかもしれない。これも、モンゴルという外圧が、幕府滅亡を引き起こしたと言えるのではないだろうか。

そのほか、戦国時代を終わらせるきっかけとなった出来事には鉄砲の伝来など、さまざまあるが、より大きな外圧といえば、時は幕末、嘉永《かえい》六（一八五三）年のペリー来航だろう。鎖国をしていた日本人にとっては驚天動地の大事件だった。開国か攘夷かで日本は二分され、結果、時代遅れとなった江戸幕府を捨てて、天皇を中心とした新たな国家を作ろうとした人々が、明治維新を成し遂げることとなる。

近年、「江戸時代に鎖国はしていなかった」という説が唱えられているが、もし仮にしていなかったら、ペリーの来航だけでここまで日本中が大騒ぎとなっただろうか。ここで検証するように、大老・井伊直弼が暗殺された「桜田門外の変」などが起きたりしたのはなぜだったかといえば、やはり日本は鎖国をしており、欧米列強との出合いは、日本が変わるほどの外圧だったのだと言えるのではないだろうか。

墓穴を掘った井伊直弼

さて桜田門外の変とは、周知の通り、安政七（一八六〇）年、江戸城桜田門の外で、水戸藩の脱藩浪士一七名と薩摩藩士一名が、大老・井伊直弼を暗殺した事件である。日米修好通商条約締結や徳川将軍家の後継者問題で主導的な立場にあった井伊直弼は、これらの政策に反発する者をいわゆる「安政の大獄」で弾圧していた。この恨みを買ったため、桜田門外で暗殺されることとなったとされるが、そもそも「安政の大獄」を引き起こすほど、井伊直弼は冷徹な人間だったのだろうか。

繰り返すように、歴史学にはその人間が温厚であるか、冷徹であるかといったパーソナリティについて、軽々に問うことはできない。

ただ、日米修好通商条約の問題に関していえば、井伊直弼は迂闊だったとは言えるだろう。というのも、井伊直弼は修好通商条約を交わす際に、天皇の意向を確認するため、朝廷に伺いを立ててしまったからだ。

そもそも、外交問題は幕府の専権事項だった。本来は朝廷には関係のないことだったのである。歴史的に言えば、前節でも取り上げた元寇の際に、モンゴル側は戦に先立って国書を日本にもたらし、挨拶に来るようにと述べていた。当時、朝廷はそれを受けて、返事を出そうとしていたのを、幕府が握りつぶした、という一幕があったのだ。以来、幕府の側が外交特権、いわば戦争するための国家高権を有するということになった。その後、室町幕府三代将軍の足利義満《よしみつ》も、日本国の王として、日明貿易を開始している。徳川家康も朝廷とは関係なく、外交を行っていた。

そうであるならば、井伊直弼は日米修好通商条約を取り交わすに際して、天皇に伺いを立てるということは、本当は必要なかったはずなのである。しかし、井伊直弼は不安だったのではないか。外国とは交渉しないという長年の習慣を破るにあたり、天皇と朝廷のお墨付きが欲しかった。その結果、条約を結んだということであれば、周囲にも顔向けができるからだ。

また、当時の孝明天皇は幕府と良好な関係を持っていた天皇である。幕府のすることをきっと認めてくれるという思惑も井伊直弼にはあっただろう。ところが孝明天皇は大の異国嫌いで、朝廷の貴族たちもここぞとばかりに自分たちの存在価値を証明しようと、幕府に反発した。結果、井伊直弼は墓穴を掘ることとなったのだ。

幕末志士は天皇と将軍と藩主のいずれに尽くすのか

また、この桜田門外の変の首謀者は、水戸藩なのか、薩摩藩なのかという点だが、薩摩藩士たちも数を揃えて井伊直弼暗殺に加担しようとしていたのは確かである。西郷隆盛《さいごうたかもり》や大久保利通《おおくぼとしみち》らが名前を連ねた精忠組《せいちゅうぐみ》の人間たちだ。彼らも大老・井伊直弼の暗殺を考えていた。しかし、実行する段階となったときに、本国の薩摩藩から

「待った」がかかったのである。結果、ここまで加担したからには全員が抜けてしまったらまずいだろうということで、有村次左衛門《ありむらじざえもん》だけが水戸とともに暗殺を実行したというのが、事の真相だろうと思う。

薩摩は初めから裏切るつもりで参加していたかどうか、という点でいえば、幕末の武士たちはいずれも命懸けで行動していたため、そのような駆け引きはなかったのではないか。当時の最高実力者は公武合体を唱えた島津久光《しまずひさみつ》である。藩主に匹敵する実力者と藩士の思惑は異なっていたということではないだろうか。

藩(藩主)か国(天皇)か、と問われたとき、当時は藩主であるお殿様からの命令は極めて重かった。徳川幕府の将軍は認めず、天皇を敬えと言っていた長州藩士の吉田松陰《よしだしょういん》も、「毛利の恩は大切にせよ」と述べている。お殿様の命令はちゃんと聞くように、ということだ。吉田松陰ですら毛利公を無視して天皇につくということはなかったのである。

天皇に忠節を尽くすのか、将軍に忠節を尽くすのか、お殿様に忠節を尽くすのか。このように幕末の志士たちはいろんな形で試されていたのである。

井伊直弼の手腕は、極めて現実的

桜田門外の変は、大老職の井伊直弼が天皇の勅許を経ずしてアメリカとの通商条約を結んだことが契機となった。

当時の天皇であった孝明天皇は、大の異国嫌いで知られていた。これは単なる好き嫌いではない。宗教的な信念であった。神道の信者として、孝明天皇は異国の者が日本の領土に足を踏み入れることを忌み嫌った。異国の者が日本に入れば入るほど、「神州」がケガレてしまうと考えていたのだ。だから、開国には大反対であった。

しかし、政治の実務を担っていた幕府は、こうしたイデオロギーにこだわっている場合ではなかった。何しろ、見たことも聞いたこともない、世界最先端の技術を詰め込んだ黒船が目の前まで押し寄せ、「開国しなければ江戸を火の海にするぞ」

と脅してきているのである。とはいえ、開国などという国家の一大事を天皇の勅許、すなわち天皇の御許可がないまま進めることは幕府にはできない。そこで幕府は、アメリカには「ちょっと待ってくれ、勅許を取るから」と言い、朝廷には「ヤツらを追い払うために、せめて条約締結のための勅許をいただけませんか」と言い、苦しい板挟みを続けていたのだ。

こうしたなかで大老という職に就任したのが、徳川家に仕える名門中の名門である井伊家の当主である井伊直弼だった。大老という臨時職に井伊を就けることで、幕府は膠着した幕政を打開しようとしたのである。

井伊は、こうした期待に十分応える働きをしている。当時、子のなかった一三代将軍・徳川家定《いえさだ》の後継を誰にするかで幕府内は紛糾していた。一方は紀伊徳川家の慶福《よしとみ》を推し、一方は一橋家の慶喜を推していた。この対立を、井伊はあっという間に解決した。彼は慶福を次期将軍として家定に認めさせたのである。そうして、勅許もなくアメリカとの条約に調印。井伊の強引ともいえる手腕は、これだけにとどまらなかった。慶喜を推していた「一橋派」と呼ばれるグループの者や、自身の政策に反対する者を次々に左遷したのである。これが世に言う安政の大獄だ。

井伊の評判を悪くしているのは、この徹底的な弾圧である。

たとえば、長州の吉田松陰は、井伊による勅許なしの条約締結に怒り心頭で、倒幕、老中暗殺を計画した、と自白している。これは当時の常識でいえば、明らかに罪だ。罪ではあるが、未遂であるため、遠島が妥当なところといえる。しかし、井伊の一存で死罪になった。偉大な教育者である松陰の死は、高杉晋作《たかすぎしんさく》や桂小五郎《かつらこごろう》など、後に維新の原動力となる志士たちを目覚めさせるきっかけにもなった。

なぜここまで厳しくしなければならなかったのか。それは幕府がなめられないようにするためだ。井伊は幕府の権威の回復を図っていたのである。

それは勅許なしの条約締結にも如実に表れている。朝廷なぞに頭を下げなくたって、実際の政治は幕府だけでできるのだ、ということを表明しているのである。

さらにいえば、井伊からすれば、攘夷など机上の空論にすぎない。もし今、アメリカと事を構えることになったとして、今の日本の技術力では到底太刀打ちできない。それならば、通商条約を結び、貿易で経済を発展させたほうがいいではないか。

そうして、国力を高め、技術力を高め、欧米と肩を並べたほうが現実的だ。そういう意味で、井伊は冷徹というよりリアリスティックな人間だったといえる。

しかし、こうしたリアリスティックな判断は、当時の人々からすれば、なかなか理解されづらい。いまだ人々は朱子学の呪縛に縛られており、経済だ、貿易だという価値基準は唾棄すべきものとの思い込みから抜け出せていなかったからだ。

惜しむらくは、井伊の頭の中には「幕府の権威回復」は強くあったものの、「日本」という考えが少々希薄だったことだろう。大局的に見れば、後に日本が開国する道を選んでいる以上、井伊の判断は正しかったことになる。

落ち着きを取り戻していた薩摩藩

勅許のないまま通商条約に調印、反対派を徹底的に弾圧したことに激怒した人々もいた。開国派の代表薩摩藩主の島津斉彬《なりあきら》ですら藩兵を率いて上京する計画を立てたほどである。もっとも、斉彬が急死したことで実行はされなかったものの、にわかに攘夷派が動き出したのは、この無勅許の条約締結の頃からである。

そんななか、孝明天皇は幕政改革を訴える内容の戊午の密勅を水戸藩に直接下している。本来、幕府に命じるはずの密勅が、頭越しに水戸藩の手に直接渡ったのは、幕府の権威を取り戻そうとしている井伊からすれば、絶対に許せないこと。井伊は密勅の返納を水戸藩に命令する一方、密勅に関与したと思われる水戸藩の人物を次々に捕縛していった。井伊の追及は苛烈さを増していく。

そこには井伊の誤解があった。井伊は「戊午の密勅は徳川斉昭《なりあき》（水戸藩の当主）の陰謀である」と信じていた。しかし、密勅は斉昭の工作によるものではない。天皇自らの御意志で出されたものだ。水戸藩からすれば、井伊の指図通りに幕府に勅を返納することは、天皇の御意志に背くことになる。しかし、一方で井伊は孝明天皇から「水戸は先の勅を返納せよ」という新たな勅を手にしていた。水戸藩内では「そんな命令が出たこと自体怪しい、返納すべきでない」と藩論が真っ二つに分かれることになった。いずれにせよ、井伊によって冷遇されることになった水戸藩は、ますます幕府に対する態度を硬化させることになる。井伊直弼を暗殺すべし。そんな声が高まるのは、自然のなりゆきだった。

一方、薩摩藩は名君・斉彬亡き後、弟である久光《ひさみつ》が藩政の実権を握っていた。もともと薩摩藩は一橋慶喜を次期将軍にしようと水戸藩と手を結んでいたこともあり、両藩は一種の同盟関係にあった。

ところが、久光は斉彬と比べると、世界に対する見識がいささか劣っていた。薩摩藩の一部に、水戸藩に呼応して井伊を討ち果たそうという動きがあることを知ると、久光はこれを思いとどまらせる側に回ったのである。久光は、国家の改革が必要であることを認めつつ、それはあくまで幕府と協調してでなければならない、と考えていた。大老の井伊を殺すとか、幕府を倒すなどという過激な発想はなかったのだ。

久光が井伊暗殺計画に参加するのを封じたために、薩摩藩から桜田門外の変に加わったのは、脱藩した有村次左衛門ただ一人だけであった。つまり、桜田門外の変を実は薩摩藩が主導していたということは考えにくいのである。

検証17

明治維新に関する「定説」

孝明天皇は「暗殺」されたのか？

明治維新に関する定説・仮説は数多くあるが、ここでは主に「暗殺」をテーマにした事件を検証する。

まず一つは、幕末に在位した第一二一代孝明天皇の死をめぐる問題である。天皇は尊王攘夷派を好まず、公武合体政策を支持した。その姿勢は討幕勢力の大きな障害になると見られていたが、慶応二（一八六六）年に疱瘡《ほうそう》（天然痘）で死去してしまう。

天皇の死は、討幕への大きな転換点となったが、あまりにもタイミングの良すぎる死に、「病死ではなく暗殺ではないか」という陰謀説が論議されている。もちろん、教科書には「暗殺」などとは書かれていない。

●幕末の「暗殺」に関する「定説・仮説」

定 孝明天皇病死説	死因は疱瘡（天然痘）であったというのが「定説」。しかし、討幕派にとってあまりにもタイミングの良すぎる死であるため、暗殺ではないかとの説もある。
仮 龍馬暗殺の下手人（見廻組犯行説）	西郷隆盛を筆頭に、最後まで徳川幕府打倒を唱えていた薩摩藩が、大政奉還という結果に不満を持ち、その主導者であった龍馬を暗殺したという説。
仮 龍馬暗殺の下手人（薩摩藩関与説）	西郷隆盛を筆頭に、最後まで徳川幕府打倒を唱えていた薩摩藩が、大政奉還という結果に不満を持ち、その主導者であった龍馬を暗殺したという説。

定は教科書などに書かれた「定説」　仮は一部の研究者の説や一般論としての「仮説」

もう一つは、幕末の志士・坂本龍馬《さかもとりょうま》の暗殺についてである。これは今日の近江屋という旅館で明らかに「暗殺」されており、そのこと自体は参考書類などでも「定説」とされているが、その犯人については確固たる証拠がなく、謎のままになっている。

大政奉還に尽力した龍馬を暗殺したいという動機を持つ藩や集団は複数挙げられる。しかし、龍馬が暗殺された背景や、暗殺された現場の状況などを丹念に見ていくと、犯人像がだんだんと絞られてくる。その独自の検証方法を紹介していきたい。

井沢元彦が検証する　明治維新に関する定説

孝明天皇の死は傷害致死だった？

歴史に「ｉｆ」はないとよくいわれるが、もし孝明天皇が存命ならば、と考えると、日本の歴史は大きく変わっていただろう。

たとえば、孝明天皇は大の長州嫌いだった。だから、存命ならば長州が朝敵の汚名を返上するなどということはあり得なかった。

一方、孝明天皇は会津藩が大のお気に入りであった。だから、存命ならば戊辰《ぼしん》戦争の際に会津が朝敵とされるなどということはあり得なかった。

孝明天皇が徳川一門で会津藩主である松平容保《かたもり》をそれほど信頼していたということは、存命であれば「討幕の密勅」も、「王政復古の大号令」もあり得なかっただろう。孝明天皇は公武合体こそが正しい道と信じていたから、明治新政府が立ち上

京都御所

がった時に徳川抜きということはあり得ない。だから、倒幕路線そのものがなかったに違いないのだ。

しかし、実際の歴史は、これらすべての「あり得ない」が実現した。だからこそ、囁《ささや》かれることがある。

「本当に孝明天皇は病死だったのか」

確かに疑わしい点がある。それは、病状の進行だ。天皇が天然痘に感染したのは、慶喜が将軍に就任してから、わずか一〇日ほどが経過した頃のこと。当初は、順調に回復しているとの公式発表があった。ところが、それから約一〇日後に容態が急変。感染したのは天然痘なのに体中から出血して、その日の夜に死んだという。三六歳という若さだった。

孝明天皇毒殺説は、戦後も長らく学者たちの間で一つの有力な見解として受け入れられていたものだが、一九八〇年代の終わり頃に出された一本の論文で、急速に下火になる。その論文が、原口清《はらぐちきよし》名城大学名誉教授が発表した「孝明天皇の死因について」である。

この論文によれば、いわゆる毒殺説では、孝明天皇の容態が急変し、出血がひどくなったことを「天然痘では考えられない症状であり砒素《ひそ》（毒物）中毒の可能性が高い」とされてきたが、実はこれを致死率の高い紫斑性疱瘡に感染したと考えることで説明がつくと指摘したのだ。

しかし、そもそも宮中の奥にいる天皇が、そうたやすく伝染病に感染するだろうか。私は孝明天皇は毒殺されたのではなく、結果的な傷害致死によって命を落としたのだと考えている。

どういうことか。孝明天皇の皇位に反対している勢力、すなわち開国派に属する薩摩や長州などの人々は、「なぜ人が天然痘に感染するのか」を詳しく知っていた。当時、感染は珍しいことではなかったから、保菌者を確保することも難しいことではなかったはずだ。

そこで、彼らは宮中に保菌者を送り込む細菌テロを仕掛けた。疱瘡を患い、醜い病変を身体に残したまま孝明天皇が皇位にとどまる、というのは考えづらいからだ。孝明天皇がケガレを嫌っているのは有名だったから、それで退位してくれれば、彼らの目的は達成される。しかし、思いの外、孝明天皇に免疫力がなく、死んでしまった。可能性としては十分に考えられることだ。

その場合の黒幕に薩摩の人々を当てはめるのには無理があるが、長州だと話は変わってくる。孝明天皇の死によって最大の利益を受けたのは、紛れもなく長州藩だからだ。

なお、宮中には、次期天皇となる睦仁親王（明治天皇）もいたわけだが、彼は天然痘の予防のために種痘をしていたから、感染することはまずない。ケガレを嫌う孝明天皇は、種痘さえ受け入れなかったのである。

そう考えると、暗殺説はまったくの荒唐無稽な説とはいえないと思うが、いかがだろうか。

幕府の伝達ミスが坂本龍馬を死にいたらしめた？

幕末における暗殺のなかで、最も注目を集めているのは坂本龍馬の暗殺であることは疑いようのないところだ。

この事件は、新選組《しんせんぐみ》犯行説、薩摩藩黒幕説などさまざまな説が取りざたされているが、明治維新後に幕府の下部組織であった元見廻組《もとみまわりぐみ》の今井信郎《いまいのぶお》が犯人として名乗り出たことでいちおうの決着がついている。

ただ、もし見廻組の犯行だということなら、ただの公務執行であるため、何も隠す必要はないというところが気にかかるところだ。

そこで、もう少し考察してみよう。

龍馬を斬殺したのが十津川《とつかわ》郷士を名乗る一団であったことは事実だ。問題は、こ

坂本龍馬像

れが本当は誰だったのか。そして、黒幕がいたとしたなら、それは誰かということだろう。

最初に疑われたのは新選組だった。これは、現場に残された犯人の鞘を「新選組の原田左之助《はらださのすけ》のもの」と伊東甲子太郎《いとうかしたろう》が証言したことが根拠だ。また、犯人が叫んだ「こなくそ」という言葉が伊予《いよ》の方言だったことから、伊予出身の原田が疑われたのである。しかし、そもそも伊東は新選組を打倒しようとしていた人物であり、その証言は信頼性に欠ける。さらにいえば、伊予出身の男は原田だけではない。

薩摩藩黒幕説はどうだろうか。当時の薩摩は武力倒幕を主張していたから、平和協調路線を信条としていた龍馬の存在が邪魔だったことは当然考えられる。しかし、そうであるならばなぜ、同じ武力倒幕論者の中岡慎太郎《なかおかしんたろう》を、龍馬もろとも殺してしまったのか。

邪魔者を排するだけなら、龍馬一人を殺せば事足りるはずだ。薩摩藩としては、土佐藩と協調路線にあったため、中岡は殺すどころか、貴重な味方だったのである。

そう考えると、やはり実行犯・今井の自白は信ぴょう性が高く、現在のところはこれを否定する材料が見当たらない。

ではなぜ、龍馬殺害という「手柄」をひた隠しにしたのか。

実は、当時、幕府にも龍馬は「むしろ生かしておくべき」との考えが生まれつつあった。それは、旗本である永井《ながい》尚志《なおゆき》が龍馬と面会している事実からも明らかである。一方の龍馬も、これでもう、幕府は自分を敵とは見ていないとの油断が生まれたかもしれない。

ところが、幕府上層部に芽生えつつあった思惑が下部組織の見廻組には伝わらぬまま、彼らが暗殺に及んだと考えたらどうだろうか。殺した後に「龍馬は殺すな」と通達されたのだとしたら、「手柄」どころではなくなる。それで慌てて「知らんぷり」を決め込んだのではないだろうか。明治維新後に証言が出てきたのも、これで説明がつく。

現時点では、こうした結論が妥当なところといえるだろう。

坂本龍馬暗殺の黒幕は薩摩藩か？

先述した孝明天皇は、大の異国嫌いでありながら、幕府との連携を考え、公武合体を望んでいた。倒幕派にとっては邪魔な存在であり、孝明天皇の崩御《ほうぎょ》後、一気に倒幕へと傾いていったことからも考えると、暗殺されたのではないかとも言われる。

確かに孝明天皇の崩御は非常にタイミングが良く、倒幕派にとっては非常に都合が良かった。よく言われるのは毒殺説だが、他にも厠に入っているところを槍で突かれたという説もある。実行犯は伊藤博文《いとうひろぶみ》だった、なんていう話まであるが、どこまで本当なのかはわからない。

だが少なくとも孝明天皇が仮に生きていたら、倒幕派にとってはもっと面倒なことになっていたことだろう。

それに比べて、坂本龍馬が暗殺されたことは事実である。しかし、誰が殺したのか、と考えたときにさまざまな説が唱えられ、これまで多くの検証がなされてきた。

坂本龍馬が暗殺されてから二カ月後に戊辰《ぼしん》戦争が始まったため、容疑者の取り調べは、明治二（一八六九）年五月の箱館《はこだて》戦争終結後に行われた。

当初は事件への関与が疑われていた大石鍬次郎《おおいしくわじろう》が取り調べを受けたが、京都見廻組が実行犯であるという証言が出てきた。

そのため、見廻組の隊士・今井信郎を取り調べた結果、犯行を供述し、結果、今井を含む京都見廻組七名が坂本龍馬暗殺の実行犯だったことが「判明」した。今井の他六名はすでに戊辰戦争で戦死しており、刑に服したのは今井だけであった。

ところが、今井の自供は後に変わり、内容に矛盾があるなど信ぴょう性に欠ける上、禁固刑に服していたがわずか二年で赦免となるなど、不審な点が多い。

京都見廻組は、いわば今の警察組織であり、主に旗本で構成されたエリート集団である。その見廻組の隊士は剣の達人揃いで、なかでも桂早之助《かつらはやのすけ》は西岡是心流という剣術を極めた、小太刀の名手だった。

龍馬が暗殺された近江屋の室内は、かなり狭く、大人二人が立つこともままならないような広さである。通常の刀による立ち回りは困難なため、犯人は小太刀で龍馬を斬りつけ、その命を奪ったと考えられた。小太刀の名手である見廻組の桂早之助は、まさに龍馬暗殺の実行犯にうってつけの人物というわけである。

龍馬暗殺の一年前の慶応二（一八六六）年一月、京都伏見の船宿・寺田屋で、龍馬が、京都所司代指揮下の伏見奉行所の捕吏たちに襲われる事件が起きている。龍馬は高杉晋作にもらったとされるピストルをぶっ放し、その場から逃亡したが、このとき、伏見奉行所側に死傷者が出ている。

当時、桂早之助は京都所司代の同心だった。桂早之助からしてみれば、龍馬は自分の部下や同僚を殺し、傷つけた人物である。龍馬を斬るには十分な理由がある、というわけだ。

しかし、果たして本当に京都見廻組が坂本龍馬暗殺の実行犯なのだろうか。私が気になるのは、龍馬が殺された時期である。

武力によらない平和的な倒幕を念頭に置き、大政奉還《たいせいほうかん》を推し進めようとした龍馬

龍馬が襲われた京都伏見の寺田屋

が、大政奉還実現のわずか一月後に殺されたのだ。

そもそも、幕府は大政奉還を行ったのである。その幕府の警察集団である京都見廻組が、大政奉還推進派だった龍馬を暗殺するだろうか。

先にも述べた通り、見廻組は旗本を中心とする上位の組織であり、浪士を集めて組織された新選組よりも、ずっと幕府の中枢に近い存在だ。ということは、幕府の考え方により精通し、忠実であって当然である。それが、大政奉還を進めた龍馬を殺すという、いわば幕府の意に背くことをするだろうか。

大政奉還推進派の龍馬が目障りな者たちが、龍馬暗殺の犯人という可能性が高いわけだが、そのように考えると、最も怪しいのは、薩摩藩ではないだろうか。もちろん、史料は出てこない。しかし、状況証拠で考えると、そうなるのだ。

大政奉還をされて困るのは薩摩藩

大政奉還に至る経緯を考えると、薩摩関与説はより説得力を持ってくる。

黒船来航などの外圧に刺激され、薩摩や長州、土佐、安芸などの諸藩は、幕府による政治体制を変えて新しい日本をつくろうと画策し始める。

慶応二（一八六六）年一月には、土佐の坂本龍馬と中岡慎太郎の斡旋により、薩長同盟が結ばれた。その翌年には薩摩藩と土佐藩の薩土盟約、そして薩摩藩と長州藩と安芸藩の薩長芸盟約が結ばれた。

これらの藩は明治維新の大きな原動力となったが、それぞれの主張や思惑、立場は微妙に異なっていた。

とりわけ大きく異なったのは、徳川幕府の位置付けである。土佐藩は幕府と朝廷を一体化させる公武合体派で、藩主の山内容堂《やまのうちようどう》も一五代将軍・徳川慶喜を最後まで擁護した。安芸藩も外国の脅威に危機感を持ち、幕府を仲間に引き入れようとした。これに対して、薩摩藩と長州藩は武力による倒幕路線だった。そのため、盟約も途中で空中分解してしまうこととなる。

土佐と安芸は、薩長の倒幕を回避するために、幕府へ働きかけ、大政奉還を実現させる。徳川が朝廷に頭を下げ、政権を返上したわけだから、徳川打倒の大義はなくなったのである。

しかし、それでも納得しなかったのが薩摩藩だった。あくまでも徳川慶喜に腹を切らせるべきだと主張し、打倒徳川の姿勢を崩さなかった。そのなかでも特に最強硬派が西郷隆盛だった。

その後、西郷隆盛と勝海舟《かつかいしゅう》の会談によって新政府軍による江戸総攻撃は回避され、江戸無血開城となったことは有名だが、その直前まで、西郷隆盛は断固として、軍事行動を遂行しようと考えていた。それは大久保利通に宛てた手紙にはっきり書いてある。

先述したヘラクレイトスの言葉「戦いが王を作る」のように、西郷隆盛としては武力で幕府に勝ったということを示したかったのかもしれない。

新政府は、まず戦争によって勝利することで、その正統性を勝ち得るのだと考えていた。それが後の征韓論につながり、それを否定された後は、西南戦争に発展したとも考えられる。話を戻すと、当時、大政奉還をされて最も面白くないのは、薩摩藩だったのである。

世襲制を終わらせた明治維新の革新性

最後に、明治維新がどのような点で革新的だったのか、私見を述べたい。

ペリーの来航以降、日本は長い鎖国から目覚め、世界情勢にいかに対応するかという強い問題意識を人々は共有することになる。近年では、オランダがペリーが来日する旨を事前に伝えていたので、幕府の上層部はそこまで驚かなかった、と主張する人も多い。

しかし、幕府の上の人間がどう思っていようとも、何より当時の社会が驚いたのだ。このままでは日本は西洋列強に侵略されてしまうと真剣に考える人々が現れ、これまでの幕藩体制ではダメだ、新しい国づくりをしないといけないと、危機感を強く抱いた。これが明治維新の原動力だった。

だからこそ、明治維新の原理原則は、それまでの日本ではずっと主流だった世襲の原理をひっくり返して、「才能重視」だったのである。すぐれた人材を日本中から東京に集めて、新しい国づくりを行ったのだ。

もちろん、日本は元来、世襲の原理が強烈に作用する国であるため、少しでも油断するとすぐに世襲が幅を利かせてしまう。とはいえ、その原理を覆そうとして、実際に行ったことが、明治維新がそれまでの時代とは異なる、革新性の根拠なのかもしれない。

時代		天皇	将軍	出来事
BC300〜				弥生文化の時代。金属器を使用し、水稲耕作を行っていた
239				邪馬台国の女王・卑弥呼が魏に遣使、親魏倭王の称号を受ける
266				卑弥呼の後継者・壹与(壱与)が晋に遣使
2世紀後半				倭国で大乱が起こる
4世紀				ヤマト(大和)政権の統一が進む
538		欽明		仏教が伝来する(戊午説/552年の「壬申説」もある)
587		用明		大臣蘇我馬子が政敵物部守屋を滅ぼす
593		推古		推古天皇が厩戸王を摂政とする
603		推古		冠位十二階制定
604		推古		憲法十七条制定
607		推古		小野妹子らが遣隋使として派遣される
630		舒明		遣唐使の派遣が始まる
643		皇極		蘇我入鹿、聖徳太子の子山背大兄王を攻め滅ぼす
645	大化1	孝徳		中大兄皇子と中臣鎌足らが蘇我入鹿を暗殺(乙巳の変)
646	大化2	孝徳		改新の詔が出される
663		(天智)		白村江の戦いで唐・新羅軍に大敗
668		天智		中大兄皇子が天智天皇として即位する
672				壬申の乱
673		天武		大海人皇子が飛鳥浄御原宮で即位して天武天皇となる
694		持統		藤原京に遷都
710	和銅3	元明		平城京に遷都

712	和銅5	元明		古事記
720	養老4	元正		日本書紀
724	神亀1	聖武		聖武天皇が即位する
729	天平1	聖武		長屋王の変／光明子が聖武天皇の皇后となる
737	天平9	聖武		藤原四子が天然痘で次々に死去
743	天平15	聖武		墾田永年私財法／大仏建立の詔
764	天平宝字8	淳仁		藤原仲麻呂(恵美押勝)の乱
770	宝亀1	光仁		道鏡が下野に追放される
794	延暦13	桓武		平安京に遷都
939	天慶2	朱雀		平将門の乱。藤原純友の乱始まる(～941年)
1156	保元1	後白河		保元の乱
1159	平治1	二条		平治の乱
1167	仁安2	六条		平清盛が太政大臣になる
1180	治承4	安徳		源頼政・以仁王挙兵／福原京遷都／源頼朝挙兵
1185	文治1	後鳥羽		平氏が壇ノ浦の戦いで滅亡／源頼朝が守護・地頭の任命権を獲得
1189	文治5	後鳥羽		源頼朝が奥州藤原氏を滅ぼし、奥州を平定
1192	建久3	後鳥羽	頼朝	源頼朝が征夷大将軍となる
1219	承久1	順徳	(義時)	源実朝が暗殺され、源氏将軍は断絶
1221	承久3	仲恭	(義時)	承久の乱／京都に六波羅探題が設置される
13世紀中頃				『平家物語』がつくられる
1274	文永11	後宇多	(時宗)	元軍が九州に来襲(文永の役)
1281	弘安4	後宇多	(時宗)	元軍が再度来襲(弘安の役)

時代		天皇	将軍	出来事
1321	元亨1	後醍醐	(高時)	後醍醐天皇が親政を始める
1324	正中1	後醍醐	(高時)	後醍醐天皇が倒幕を企てるが失敗(正中の変)
1331	元弘1	後醍醐	(守時)	後醍醐天皇が再度倒幕を企てるが失敗(元弘の変)
1332	元弘2	後醍醐	(守時)	後醍醐天皇が隠岐に配流
1333	元弘3	後醍醐	(守時)	鎌倉幕府滅亡
1334	建武1	後醍醐		建武の新政
1335	建武2	後醍醐		中先代の乱
1336	建武3 延元1	光明 後醍醐		足利尊氏が京都を制圧し、後醍醐天皇が吉野に移る
1338	暦応1 延元3	光明 後醍醐	 尊氏	足利尊氏が征夷大将軍となる
1339年頃				北畠親房が『神皇正統記』を著す
1350	観応1 正平5	崇光 後村上		観応の擾乱
14世紀後半				『太平記』が著される
1392	明徳3	後小松	義満	南北朝の合一
1441	嘉吉1	後花園	義教	足利義教が赤松満祐に暗殺される(嘉吉の乱)
1467	応仁1	後土御門	義政	応仁の乱が起こる(~1477年頃)
1560	永禄3	正親町	義輝	桶狭間の戦い
1568	永禄11	正親町	義昭	織田信長が足利義昭を奉じて入京
1573	天正1	正親町	義昭	織田信長が足利義昭を追放し、室町幕府滅亡

1577	天正5	正親町		安土城下に楽市・楽座令が出される
1582	天正10	正親町		本能寺の変
1592	文禄1	後陽成		豊臣秀吉が朝鮮に出兵（文禄の役）
1597	慶長2	後陽成		豊臣秀吉が再び朝鮮に出兵（慶長の役）
1598	慶長3	後陽成		豊臣秀吉が死去する
1600	慶長5	後陽成		関ヶ原の戦い
1603	慶長8	後陽成	家康	徳川家康が征夷大将軍となる
1614	慶長19	後水尾	秀忠	大坂冬の陣
1615	元和1	後水尾	秀忠	大坂夏の陣。豊臣氏滅亡
1616	元和2	後水尾	秀忠	徳川家康死去
1637	寛永14	明正	家光	島原の乱（〜1638年）
1657	明暦3	後西	家綱	徳川光圀が『大日本史』編纂に着手
1685	貞享2	霊元	綱吉	生類憐みの令（〜1709年）
1716	享保1	中御門	吉宗	徳川吉宗、享保の改革を始める（〜1745年）
1772	安永1	後桃園	家治	田沼意次が老中となる
1787	天明7	光格	家斉	松平定信が老中となる（寛政の改革〜1793年）
1841	天保12	仁孝	家慶	老中水野忠邦が天保の改革を始める（〜1843年）
1853	嘉永6	孝明	家慶	ペリーが浦賀に来航
1858	安政5	孝明	家茂	日米修好通商条約／安政の大獄
1866	慶応2	孝明	家茂	薩長連合
1867	慶応3	明治	慶喜	孝明天皇死去／坂本龍馬暗殺／大政奉還／王政復古の大号令
1868	明治1	明治		明治天皇の即位礼。元号は一世一元の制が定められる

おわりに

本郷：日本史を学ぶ人間の質ということで言えば、例えば、東京大学に入学し、文化Ⅲ類へ入ります。駒場で2年の教養過程を経て、成績順にその後の進路を決めることができる。人気の専攻は点数の良い人で埋まるわけですが、日本史の場合、他に行きようない学生たちがくるようになっています。日本史を学びたいと主体的に入ってくる学生もなかにはいますが、そうではない学生のほうがはるかに多い。現在の東大はそのような状況になってしまっております。

井沢：それは日本の学問教育の問題だろうと思いますが、本郷先生はどうすべきとお考えですか。

本郷：日本史を学ぶ教育システム全体を変えなければならないと思っています。今の子供たちは、基本的に日本史が嫌いです。それは日本史が「暗記科目」だからです。高校で進学校と言われるようなところで、「内職」と言って先生の授業を聞かないで自分で違う勉強をすることがよくあります。日本史の時間に数学の問題を解いている生徒はいますが、逆はまずありません。結局、日本史の教育が暗記重視になっているせいで、井沢先生がおっしゃる「解釈」する力を養えなくなっています。

井沢：解釈には暗記は必要ありませんから。事実の羅列だけを覚えるとなると大変ですが、相互に連関があることがわかれば自然に頭に入りますよね。

本郷：そうなんです。AとBとC、それぞれ違う事件が実はつながっているということ、考えて導き出す。それを見通すことができたら非常に爽快ですよね。しかし、残念ながら日本史の授業はそういうことをやらない。

井沢：なるほど……、それはいけないな。

本郷：結局、大学入試は暗記をしないと受からないからです。そういう現状があることを踏まえて、日本史教育を改革するには、大学入試から日本史科目を外すことが有効ではないかと思います。もちろん、日本史を高校からなくせというわけではなく、中学で大まかな歴史の流れを学んだら、高校では一年かけて明治維新なら明治維新だけをやる。歴史とは何かを考える良い機会になるのではないでしょうか。

参考文献

『日本史広辞典』（山川出版社）
『日本史小辞典』（山川出版社）
『詳説　日本史Ｂ』（山川出版社）
『高等学校　日本史Ｂ』（清水書院）
『新編　史料でたどる日本史事典』（木村茂光・樋口州男編、東京堂出版）
『もう一度読む　山川日本史』（五味文彦・鳥海靖編　山川出版社）
『新・中世王権論』（本郷和人著、文春学藝ライブラリー）
『武士とはなにか　中世の王権を読み解く』（本郷和人著、角川ソフィア文庫）
『上皇の日本史』（本郷和人著、中公新書ラクレ）
『怪しい戦国史』（本郷和人著、産経セレクト）
『天皇はなぜ生き残ったのか』（本郷和人著、新潮新書）
『日本史でたどるニッポン』（本郷和人著、ちくまプリマー新書）
『軍事の日本史　鎌倉・南北朝・室町・戦国時代のリアル』（本郷和人著、朝日新書）
『権力の日本史』（本郷和人著、文春新書）
『世襲の日本史　「階級社会」はいかに生まれたか』（本郷和人著、ＮＨＫ出版新書）
『空白の日本史』（本郷和人著、扶桑社新書）
『考える日本史』（本郷和人著、河出新書）
『日本史　自由自在』（本郷和人著、河出新書）
『危ない日本史』（本郷和人著、ＮＨＫ「偉人たちの健康診断」取材班著　講談社＋α新書）
『乱と変の日本史』（本郷和人著、祥伝社新書）
『信長　「歴史的人間」とは何か』（本郷和人著、トランスビュー）
『日本史　アッパレな女たち』（本郷和人監修、集英社）
『日本史のミカタ』（井上章一、本郷和人著、祥伝社新書）
『古代史講義――邪馬台国から平安時代まで』（佐藤信編、ちくま新書）

『日本史の論点　邪馬台国から象徴天皇制まで』（中公新書編集部編、中公新書）
『三種の神器　天皇の起源を求めて』（戸矢学著、河出文庫）
『妹の力』（柳田國男著、角川ソフィア文庫）
『明智光秀10の謎』（本郷和人・細川珠生著、宝島社新書）
『世界の多様性 家族構造と近代性』（エマニュエル・トッド著、藤原書店）
『国史大辞典』（吉川弘文館）
『英傑の日本史　源平争乱編』（井沢元彦著、角川学芸出版）
『英傑の日本史　坂本龍馬編』（井沢元彦著、角川学芸出版）
『英傑の日本史　信長・秀吉・家康編』（井沢元彦著、角川学芸出版）
『動乱の日本史　日本人の知らない源平誕生の謎』（井沢元彦著、角川学芸出版）
『動乱の日本史　南北朝対立と戦国への道』（井沢元彦著、角川学芸出版）
『逆説の日本史　5　中世動乱編　源氏勝利の奇蹟の謎』（井沢元彦著、小学館）
『逆説の日本史　10　戦国覇王編　天下布武と信長の謎』（井沢元彦著、小学館）
『逆説の日本史　11　戦国乱世編　朝鮮出兵と秀吉の謎』（井沢元彦著、小学館）
『逆説の日本史　12　近世暁光編　天下泰平と家康の謎』（井沢元彦著、小学館）
『逆説の日本史　13　近世展開編／江戸文化と鎖国の謎』（井沢元彦著、小学館）
『逆説の日本史　14　近世爛熟編　文治政治と忠臣蔵の謎』（井沢元彦著、小学館）
『逆説の日本史　15　近世改革編　官僚政治と吉宗の謎』（井沢元彦著、小学館）
『逆説の日本史　19　幕末年代史編Ⅱ　井伊直弼と尊皇攘夷の謎』（井沢元彦著、小学館）
『逆説の日本史　21　幕末年代史編Ⅳ　高杉晋作と維新回天の謎』（井沢元彦著、小学館）
『逆説の日本史　別巻4　ニッポン戦乱史』（井沢元彦著、小学館）
『逆説の日本史　別巻5　英雄と歴史の道』（井沢元彦著、小学館）
『コミック版　逆説の日本史　戦国三英傑編』（井沢元彦、千葉きよかず著、小学館）
『コミック版　逆説の日本史　江戸大改革編』（井沢元彦、千葉きよかず著、小学館）
『真説　日本武将列伝』（井沢元彦著、小学館）
『学校では教えてくれない日本史の授業　謎の真相』（井沢元彦著、ＰＨＰ研究所）

本郷和人（ほんごう かずと）

1960年、東京都生まれ。東京大学史料編纂所教授。東京大学・同大学院で石井進氏、五味文彦氏に師事し日本中世史を学ぶ。史料編纂所で『大日本史料』第五編の編纂を担当。著書に『新・中世王権論』（文春学藝ライブラリー）、『権力の日本史』『日本史のツボ』（いずれも文春新書）、『乱と変の日本史』（祥伝社新書）、『信長「歴史的人間」とは何か』（トランスビュー）ほか多数。

井沢元彦（いざわ もとひこ）

作家。1954年2月、愛知県名古屋市生まれ。早稲田大学法学部を卒業後、TBSに入社。報道局社会部の記者時代に『猿丸幻視行』で第26回江戸川乱歩賞を受賞。「逆説の日本史」シリーズは単行本・文庫本・コミック版で累計500万部の超ベスト&ロングセラーとなっている。また、新たなライフワーク「逆説の世界史」をウェブサイトで連載、それらを集約した単行本の発行も順次進んでいる。

宝島社新書

日本史の定説を疑う

（にほんしのていせつをうたがう）

2020年7月9日　第1刷発行

著　者　本郷和人／井沢元彦
発行人　蓮見清一
発行所　株式会社宝島社
〒102 - 8388 東京都千代田区一番町25番地
電話：営業　03(3234)4621
電話：編集　03(3239)0646
https://tkj.jp

印刷・製本　中央精版印刷株式会社

ISBN978-4-299-00546-5